Ebersdorfer Lebensläufe

aus dem Archiv
der Herrnhuter Brüdergemeine in Ebersdorf

Band 2

zusammengestellt, bearbeitet und herausgegeben

von

Heinz-Dieter Fiedler

© 2018 Heinz-Dieter Fiedler
Herstellung und Verlag: BoD – Books on Demand, Norderstedt.
ISBN: 9783746089386

Inhalt:

Vorwort

Eine schöne Tradition der Herrnhuter Brüdergemeine ist bis heute erhalten geblieben: Das Verfassen eines Lebenslaufs für alle Mitglieder dieser Gemeinschaft. Der – möglichst zu Lebzeiten selbst geschriebene - Lebenslauf steht im Mittelpunkt der Begräbnisfeier und wird anschließend im Archiv aufbewahrt. Da diese Tradition schon in den Anfangszeiten der Brüdergemeine begründet wurde, gibt es heute im Unitäts-Archiv in Herrnhut eine Sammlung von etwa 30000 Lebensläufen. Die einzelnen Gemeinen besitzen zum Teil eigene Archive. Im Ebersdorfer Archiv finden sich etwa 1300 Lebensläufe der in Ebersdorf verstorbenen Brüder und Schwestern. Die ältesten sind von 1750.

In früheren Jahrhunderten wurde gewöhnlich nur das Leben gekrönter Häupter und anderer bedeutender Persönlichkeiten schriftlich festgehalten. Die brüderischen Lebensläufe erhalten dadurch eine besondere Bedeutung, weil in ihnen die Lebenswege von vorwiegend einfachen Menschen, Männern ebenso wie Frauen, dargestellt sind. Aus diesem Grund wurden diese Lebensläufe schon mehrfach zum Gegenstand wissenschaftlicher Untersuchungen und in verschiedenen Medien publiziert. In den Periodika der Brüdergemeine (z. B. „Nachrichten aus der Brüdergemeine") werden seit etwa 200 Jahren regelmäßig ausgewählte Lebensbilder gedruckt. Zwischen 1818 und 1941 wurden auf diesem Wege etwa 1500 Lebensläufe veröffentlicht. In neuerer Zeit wurden von Dietrich Meyer zwei Sammelbände mit interessanten Lebensläufen herausgegeben.[1] Wissenschaftliche

---

[1] Meyer, D.: Lebensbilder aus der Brüdergemeine, Gustav Winter Herrnhut, 2007 und 2014

Untersuchungen finden sich z. B. bei Christine Lost[2] und Stephanie Bös[3].

Die Ebersdorfer Bestände an Lebensläufen wurden in ihrer Gesamtheit bisher noch nicht erforscht. Lediglich zu bestimmten Themen wurde selektiv recherchiert (z. B. DDR-Geschichte). Seit einigen Jahren gibt es im Comeniuszentrum Ebersdorf eine Veranstaltungsreihe „Wir lesen Lebensläufe". An die Lesung schließen sich oft interessante Gespräche an und gelegentlich wird von Teilnehmern der Wunsch geäußert, einen Lebenslauf in schriftlicher Form zu besitzen.

Daraus entstand der Gedanke, die „Ebersdorfer Lebensläufe" auch gedruckt herauszugeben. 2017 erschien der erste Sammelband, dem nunmehr ein zweiter folgt.

Die bisher anderenorts veröffentlichten brüderischen Lebensläufe wurden meist gezielt ausgewählt: nach der Bedeutung des Verfassers und des Inhaltes oder nach wissenschaftlichen Gesichtspunkten. Diese Zielstellung verfolgen wir hier nicht. Das Besondere an der brüderischen Lebenslauf-Sammlung ist ja gerade, dass ganz gewöhnliche einfache Menschen aus unterschiedlichen sozialen Schichten zu Wort kommen. Es gibt lange und kurze Lebensläufe, von gebildeten und ungebildeten Menschen verfasst. Manche Verfasser haben viel erlebt. Sie sind z. B. als Missionare bis ans Ende der Welt gereist und können entsprechend viel berichten. Andere, z. B. viele der ledigen Schwestern, haben ihr ganzes Leben in der Abgeschiedenheit des Schwesternhauses verbracht. Ihre Lebensläufe fallen meist kürzer aus und beschreiben vor allem ihre Glaubensentwicklung.

Um dieser Vielfältigkeit der Lebensgeschichten gerecht zu werden, erfolgt für dieses Buch, wie auch für die Leseabende im

---

[2] Lost, C.:Das Leben als Lehrtext, Lebensläufe aus der Herrnhuter Brüdergemeine, Herrnhuter Verlag 2007
[3] Bös, S.: Gottesacker-Geschichten als Gedächtnis. Eine Ethnographie zur Herrnhuter Erinnerungkultur am Beispiel der Neudietendorfer Lebensläufe. Waxmann Verlag, 2016

Comeniuszentrum, keine gezielte Auswahl der Texte. Es wird lediglich angestrebt, dass sowohl beide Geschlechter, als auch die unterschiedlichen Zeitepochen einigermaßen gleich vertreten sind.

Bei den Leseabenden hat sich gezeigt, dass die Zuhörer aus ganz unterschiedlichen Gründen Freude an den Lebensläufen haben: Für manche sind die Lebensverhältnisse in früheren Zeiten und die oft schweren Schicksale der Menschen besonders eindrücklich. Andere Hörer erfreuen sich an authentischen Einblicken in die Zeitgeschichte, gelegentlich auch in die Ortsgeschichte. Andere genießen die altertümliche Sprache und manch einem dienen die Lebensläufe als Stärkung für den eigenen Glauben.

Das Ziel dieser Veröffentlichung ist erreicht, wenn auch der Leser einen ähnlichen Gewinn daraus zieht.

Einführung: Die „Herrnhuter"

Die Anfänge der Brüdergemeine reichen in das 15. Jahrhundert zurück und gründen sich auf den tschechische Reformator Jan Hus. Als dieser 1415 in Konstanz sein Leben für seine Glaubensüberzeugungen lassen musste, begannen große Unruhen in Böhmen und Mähren, die zu den Hussitenkriegen 1419 bis 1434 führten. Große Teile des Volkes trennten sich zunächst von der katholischen Kirche, bevor es dann doch wieder zu einem Kompromiss mit Rom kam. Lediglich eine kleine Gruppe, die sowohl die kriegerische Gewalt der Radikalen als auch die Einigung mit Rom ablehnte, zog sich in die Wälder Ostböhmens zurück, um in einer Gemeinschaft ganz nach dem Evangelium zu leben. Als Geburtsstunde der „Unitas Fratrum", der „Gemeinschaft von Brüdern", gilt der 1. März 1457. Die Brüder-Unität breitete sich rasch aus und zählte Anfang des 16. Jahrhunderts in Böhmen und Mähren etwa 100 000 Mitglieder. Die Bibel wurde ins Tschechische übersetzt, eine vorbildliche Gemeindeordnung wurde entwickelt, und es entstanden viele Lieder, die zum Teil heute noch gesungen werden. Im Zuge der Gegenreformation wurde die Brüder-Unität dann nahezu ausgelöscht; wenige Familien hielten sich im Stillen noch zu ihr, viele waren geflohen, vor allem nach Polen und Ungarn. Der letzte Bischof der Böhmischen Brüder, der vor allem als Pädagoge berühmte Johann Amos Comenius (1592-1670) bemühte sich vergeblich um die gleichberechtigte Anerkennung der Brüder-Unität im Westfälischen Frieden.

Erst Anfang des 18. Jahrhunderts eröffnete sich für einen Teil der heimlich Evangelischen in Böhmen und Mähren der Weg zu einem Neuanfang. Unter dem Einfluss des deutschen Pietismus wanderten kleine Gruppen aus und fanden in Sachsen und Preußen eine neue Heimat. Einige siedelten sich auf einem Landgut des jungen Grafen Nikolaus Ludwig von Zinzendorf an.

1722 wurde der erste Baum zum Anlegen einer Siedlung nahe Berthelsdorf in der Oberlausitz gefällt. Dieser Ort erhielt den Namen Herrnhut, denn die Bewohner wollten sich bewusst „unter des Herrn Hut" stellen. In wenigen Jahren entstand eine Siedlung, die unter der inspirierenden Leitung des Grafen Zinzendorf stand und zu einer geistlichen Gemeinschaft zusammenwuchs, in der man Glauben und Alltagsleben miteinander verband. Auch Gläubige aus deutschen und anderen europäischen Ländern, die im Konflikt mit ihren Kirchen standen, suchten in Herrnhut eine neue geistliche Heimat. Als eigentlicher Beginn dieser „Erneuerten Brüder-Unität" gilt der 13. August 1727. Nachdem die tiefgreifenden Spannungen unter den Siedlern beigelegt werden konnten, wurde bei einer Abendmahlsfeier in der Kirche in Berthelsdorf die geistliche Einheit in überwältigender Weise erlebt. Die Orts-Satzung, die man sich gab, orientierte sich weitgehend an den Statuten der Unitas Fratrum. Die Zahl der Mitglieder wuchs in den darauf folgenden Jahren auf einige Hundert. Es entstanden weitere Ansiedlungen in Deutschland und anderen europäischen Ländern. Weltweit bekannt wurden die Herrnhuter durch ihre Missionstätigkeit. Bereits 1732 gingen die beiden ersten Missionare aus Herrnhut auf die Karibikinsel St. Thomas. Weitere Sendboten folgten innerhalb weniger Jahre nach Grönland, Südafrika und Surinam in Südamerika. Herrnhuter Missionare waren mit unterschiedlichem Erfolg auf allen fünf Erdteilen tätig und machten die Brüdergemeine zu einer weltweiten Kirche.

Nikolaus Ludwig Graf von Zinzendorf, der schon als Jugendlicher beschlossen hatte, sein Leben ganz in den Dienst Jesus Christus' zu stellen, fand in der Herrnhuter Brüdergemeine seine Lebensaufgabe und prägte diese Glaubensgemeinschaft maßgeblich. Er nahm große persönliche Entbehrungen auf sich, wurde angefeindet und zeitweise aus Sachsen verbannt. In dieser Zeit zog er mit seinen Getreuen, der „Pilgergemeine", durch Deutschland und Europa.

Heute sind die Herrnhuter eine ganz „normale" evangelische Freikirche. Viele der Besonderheiten und das meiste der typischen Lebensform aus den Anfangsjahren sind verloren gegangen. Die Gemeinschaft ist unter dem Namen „Evangelische Brüdergemeine", aber auch als „Herrnhuter Brüdergemeine", „Mährische Kirche" oder „Moravian Church" bekannt. Die in den Gründungsjahren übliche Schreibweise „Gemeine" – ohne „d" – ist heute Bestandteil des amtlichen Namens, im allgemeinen Sprachgebrauch sind beide Formen anzutreffen.

Für das Verständnis der Lebensläufe sind einige Erläuterungen nützlich:

Männer und Frauen der Gemeine werden Brüder und Schwestern genannt, ohne dass damit ein besonderer geistlicher Stand verbunden ist. „Bruder" und „Schwester" ist auch die heute noch übliche Anrede, gewöhnlich in Verbindung mit dem Familiennamen. In der Schriftform verwendet man meist die Abkürzungen Br. und Schw. Mehrere Mitglieder der Gemeine unterschiedlichen Geschlechts bezeichnet man als Geschwister (Geschw.), auch wenn es sich um ein Ehepaar handelt. (Mit Geschwister Meiers ist also gewöhnlich das Ehepaar Meier gemeint.)

Eine typische Besonderheit der Brüdergemeine ist die Einteilung der Gemein-Mitglieder in die sogenannten „Chöre". („das Chor" – als Bezeichnung für eine Gruppe Personen mit ähnlichen Bedingungen und Interessen.)

 Diese Einteilung gibt es heute noch, sie war früher aber noch sehr viel ausgeprägter. In der Brüdergemeine richtet sich die Chorzugehörigkeit nach Geschlecht, Alter und Familienstand. Es gibt also das Chor der ledigen Schwestern (alle unverheirateten Frauen), das Chor der ledigen Brüder (alle unverheirateten Männer), das Ehechor (verheiratete Männer und Frauen), das Witwenchor und das Witwerchor. Die Kinder und Jugendlichen wurden früher, als es sie noch in größerer Anzahl gab, außer nach dem Geschlecht auch nach dem Alter einem entsprechenden Chor zugeordnet: Knäblein, Knaben, Jünglinge, Mädchen, große Mädchen, Jungfern. Der Gedanke, der dahinter steckt, ist, dass sich Menschen mit ähnlichen Lebensumständen auch am besten verstehen und sich Beistand in weltlichen und geistlichen Dingen geben können. Die Chöre wurden jeweils von einem Chor-Helfer oder einer Chor-Helferin betreut. Die Leitung der Gemeine oder eines Chores war keine abgehobene Stellung. Man blieb stets „Bruder unter Brüdern" bzw. „Schwester unter Schwestern". Das kommt auch in den Bezeichnungen „Helfer", „Diener" oder „Arbeiter" zum Ausdruck.

Die einzelnen Chöre führten früher ein weitestgehend in sich geschlossenes Leben. Sie bildeten eine geistliche Gemeinschaft und einige Chöre auch eine selbständige wirtschaftliche Einheit. So lebten, wohnten und arbeiteten die unverheirateten Männer und Frauen jeweils in eigenen Häusern: dem Brüderhaus und dem Schwesternhaus. Auch die Witwen lebten separat im Witwenhaus. Das Leben im Chorhaus war durch Arbeit und die täglichen Versammlungen geregelt. Die Brüder waren meistens Handwerker. Die Schwestern verdienten sich ihren Lebensunterhalt hauptsächlich mit Handarbeiten: Spinnen, Weben, Stricken, Sticken...

Bei den Herrnhutern war es über lange Zeit üblich, alle wichtigen Entscheidungen - insbesondere solche, deren Ausgang nicht vorhersehbar war – durch das Los zu treffen, in der Überzeugung, dass Gott auf diese Weise unmittelbar Einfluss nehmen kann. Das Los wurde vor allem bei Personalentscheidungen zu Rate gezogen: Besetzung von Ämtern, Eheschließungen, Aussendung von Missionaren usw. Auch die in den Lebensläufen häufig erwähnte Aufnahme in die Gemeine und die erstmalige Zulassung zum Abendmahl wurden durch das Los entschieden. Bei negativem Ausgang konnte in diesen Fällen aber in entsprechenden zeitlichen Abständen die Losbefragung mehrmals wiederholt werden. Deshalb mussten manche Brüder und

Schwestern solange auf die Aufnahme bzw. das erste Abendmahl
warten.
Die Wegweisung durch das Los spielte über lange Zeit auch für
persönliche Entscheidungen eine wichtige Rolle. Man schlug sich
selbst ein Los, indem man z. B. einen durch zufälliges
Aufschlagen der Bibel erhaltenen Text entsprechend
interpretierte. Eine große Bedeutung wurden auch die mit einem
persönlichen Ereignis verbundenen Texte aus dem Losungsbuch
der Brüdergemeine zugemessen. Diese in den Lebensläufen
häufig erwähnten (Herrnhuter) Losungen gibt es auch heute
noch. Sie werden seit 1731 ohne Unterbrechung heraus gegeben,
inzwischen in Millionenauflage und in 50 Sprachen übersetzt.
Das Losungsbuch enthält für jeden Tag des Jahres ein
ausgelostes Wort aus dem Alten Testament, ergänzt durch ein
Wort aus dem Neuen Testament und einen Liedvers oder ein
Gebet.

In den frühen Lebensläufen finden sich oft recht schwärmerische
Bezeichnungen für Jesus: „mein bester Freund", "Geliebter",
„Herzens-Bräutigam", „mein Mann". Das entspricht den
Gepflogenheiten der damaligen Zeit, zeigt aber auch das innige
Verhältnis zum Heiland.
Wenn vom „Heimgehen" oder dem „Heimgang" die Rede ist, so ist
damit das Sterben gemeint, das für einen gläubigen Christen ja
nicht das Ende bedeutet, sondern das Hinübergehen in Gottes
Reich, die ewige Heimat.

1. Friedrich August Kempf (1772-1807)

Von dem Lebenslaufe des am 20. Nov. 1807 selig entschlafenen
verheirateten Br. Friedrich August Kempf gibt dessen
hinterlassene Witwe folgende Nachricht.

Da mein lieber seliger Mann keine eigenhändige Nachricht von
seinem Gang durch diese Zeit hinterlassen, und auch wiederholt
den Wunsch geäußert hatte, dass nicht viel von seinem Leben
geredet werden möchte, da nichts Gutes an ihm sei, und er
besonders in seinen Jugendjahren viele Zeit in einer sorglosen
Flatterhaftigkeit in Ansehung seines Herzens verbracht habe, so
will ich folgendes wenige davon erzählen.
Seine kurze Laufbahn hienieden zeichnete sich durch gehäufte
Erfahrungen durch mancherlei Not und Gefahren aus, welchen
Menschen hienieden ausgesetzt sind, aber auch eben so viel
Beweise der Güte, Treue und Barmherzigkeit und Durchhilfe
unsers lieben Herrn konnte er am Ende seines Lebens dankbar
den seinigen in Erinnerung bringen.
Gleich bei seiner Geburt, den 29. Nov. 1772 hier in Ebersdorf
war er so schwächlich, dass ihm die Nottaufe gereicht werden
musste, wurde auch bald darauf für tot gehalten, bis er sich nach
und nach wieder erholte. In seinem 8. Jahre wurde er durch
Gottes Hilfe zweimal aus der augenscheinlichsten Lebensgefahr
errettet. Einmal stürzte er vom Boden herunter und fiel mit
solcher Gewalt auf die Treppe, dass er für tot aufgehoben wurde,
aber doch bald nach dem Gebrauch dienlicher Mittel wieder
hergestellt wurde. Ein andermal brach ein schadhaftes Stück
Fußboden, auf dem er stand, als er eben ein spitziges Messer in
der Hand hatte, mit ihm durch. Zum Glück warf er im Fall das
Messer weg, wurde aber auch wieder ohne Bewusstsein
aufgehoben. Indessen auch dieser Zufall ging ohne Schaden oder
Verletzung vorüber.
Nachdem er im Jahr 1785 ins Chor der Knaben aufgenommen
worden, kam er zur Erlernung der Handlung in den hiesigen

Gemeinladen, und hatte in seiner Lehrzeit auch manches an Krankheiten zu leiden, besonders an der Gicht im Sommer das Jahres 1791, die ihn am allen Gliedern lähmte und beinahe ein Vierteljahr zu aller Arbeit unfähig machte.

Am 5. Mai 1785 wurde er in die Gemeine aufgenommen und am 29. August des darauf folgenden Jahres gelangte er zum erstmaligen Genuss des Heiligen Abendmahles mit der Gemeine. Am 24. Dez. 1787 wurde er durch den Heimgang seiner lieben Mutter tief betrübt, welche er zärtlich geliebt hatte, und welcher sein Seelenheil stets sehr am Herzen gelegen hatte. Noch an seinem Geburtstag desselben Jahres den 29. Nov. hatte sie mit besonderer Angelegenheit für ihn zum Heiland gebetet, dass Er seine Seele nie aus seinen treuen Händen lassen wolle, welches einen tiefen Eindruck auf ihn machte. Im Herbst 1788, da sein lieber Vater sich wieder mit der verwitweten Schw. Catterfeld verheiratete, bekam er an dieser seiner Stiefmutter wieder eine sehr treu und zärtlich gesinnte Mutter, die ihn liebte wie ihr eigenes Kind, wovon er nie ohne Rührung und inneren Dank sprach, und mit welcher er, auch nachdem er die Geschäfte seines im Jahr 1795 selig entschlafenen Vaters, nämlich die Lederhandlung desselben, übernommen hatte, bis an ihr im Febr. 1801 erfolgtes seliges Ende in der lieblichsten Harmonie lebte, und sie mit seinen beiden Schwestern pflegte.

Noch ehe seine Lehrzeit in der Gemeinhandlung ganz geendigt war, hatte ihn sein Vater in seine Geschäfte genommen. Hier hatte er abermals im Jahr 1789 das Unglück, als er seinem Vater beim Decken des Hauses mit Schindeln zulangen half, vom Dach herunter auf die Straße zu stürzen, so dass man ihn für tot ins Haus trug. Ob nun gleich auch dieser Fall ohne sichtbare Beschädigung ablief, so scheint er doch davon eine innerliche Schwäche behalten zu haben.

Im Jahr 1791 den 29. Aug. wurde er ins Chor der ledigen Brüder aufgenommen.

Einer 4. Lebensgefahr entging er im Jahr 1793 den 24. Juli, da er beim Wegfahren der Spritze, auf welcher er sich nebst anderen befand, um beim Löschen eines Feuers in der Nachbarschaft mit zur Hilfe zu eilen, herunter fiel, und ohne Zweifel unter die Räder gekommen sein würde, wenn es ihm unter göttlichem Beistand nicht geglückt wäre, die Deichsel mit beiden Armen zu umfassen, in welcher Lage er dann fortgeschleift wurde, bis man die Spritze konnte zu Stillhalten bringen. Jedermann hielt ihn für verloren, der Heiland rettete ihn aber, denn - so äußerte er sich selbst darüber - ich sollte noch länger leben, um durch noch mehr Trübsale geprüft zu werden.

Das Jahr 1801 war für ihn ein in mancher Absicht sehr merkwürdiges Jahr. Gewisser bedrückender Umstände bediente sich der liebe Heiland ihn mehr auf sein Herz zu bringen. Er dachte bei der Gelegenheit recht gründlich über seinen ganzen Lebenslauf mit sünderhaftem Erkennen dessen, worin sein Gang dem Heiland nicht zur Freude gewesen, nach, und die gnädige Durchhilfe, die der Heiland ihn erfahren ließ, rührte und beschämte ihn tief. Er fasste den erneuerten Entschluss, sich von nun an seinem Gott und Heiland ganz zu ergeben, sich seiner Führung ganz allein zu überlassen und im kindlichen Vertrauen auf Ihn und Seine Durchhilfe durch dies Sterbens-Leben zu gehen. Von diesem Vorgang hat er nie ohne Dank und Rührung gesprochen.

Im Jahr 1802 den 24. Febr. wurden wir miteinander (nämlich der Selige mit der ledigen Schw. Margareta Elisabeth Archenbach - als ledige Schwester in Neudietendorf wohnhaft gewesen) in Neudietendorf zur heiligen Ehe verlobt, und am 15. März hier in Ebersdorf getraut. Wir liebten einander zärtlich, und mein Wohl lag ihm von der ersten Stunde an fast näher am Herzen als das seinige, wovon ich bei manchen Gelegenheiten, auch besonders in Krankheiten, die mich befielen, die rührendsten Erfahrungen machte.

Im Jahr 1803 den 13. Nov. erfreute uns der Heiland durch die Geburt unsers Töchterleins Francisca Augusta. Auch das Gedeihen dieses unsers lieben Kindes, und dass es zu Gottes Ehre möchte erzogen werden, lag ihm sehr am Herzen.

In seinen äußeren Geschäften war er treu und fleißig und von großer Pünktlichkeit in allem was darauf Bezug hatte. Da die nahrlosen Zeiten in den letzten Jahren auch für ihn in mancher Absicht drückend wurden, und er zum bessern Durchkommen neben seiner Lederhandlung, in welcher er selbst anhaltend arbeitete, so wurde dieses, da dergleichen Arbeiten doch zu angreifend für ihn waren, Veranlassung, dass er im Mai 1803 einen Anfall von Blutspeien bekam. Dieser stillte sich zwar balde wieder auf den Gebrauch dienlicher Mittel, allein es stellte sich dagegen zu Weihnachten ein heftiger Husten ein, der bis Ostern anhielt und ihn sehr schwächte. Gleichwohl ging er zu Ostern 1806, um seine Geschäfte nicht zu verabsäumen, wie gewöhnlich auf die Messe nach Frankfurt am Main, wo er aber an einem heftigen Blutsturz viel zu leiden hatte, und äußerst entkräftet nach Hause kam. Die sorgfältige Bedienung seines treuen Arztes, sowie auch der Gebrauch des Stebener Brunnens gab ihm seine Gesundheit in so einem Grade wieder, dass er zu einer gänzlichen Genesung sich Hoffnung machte, allein im nächsten Winter stellte sich der Husten nebst den Brustbeschwerden wieder mit großer Heftigkeit ein, und es kam zu diesen Leiden noch ein Schmerz in dem Hals, der ihm und uns oft viel Kummer machte und von bedenklichen Folgen zu sein schien. Im Frühjahr dieses Jahres erholte er sich zwar wieder, machte auch noch seine beiden Meßreisen. Jedoch von der letzten kam er sehr entkräftet zurück. Seine Schmerzen im Hals nahmen immer mehr zu und verursachten ihm empfindliche Leiden, die er aber geduldig ertrug.

Man konnte ihn nicht ohne Mitleiden ansehen, besonders bei Erwägung dessen, dass allem Anschein nach seine Leiden noch lange dauern und einen noch viel höhern Grand erreichen könnten. Es gelang aber seinem Arzte, diesem Übel durch dienliche Mittel Einhalt zu tun, die Schmerzen minderten sich, allein ein auszehrendes Fieber bewirkte dagegen eine sehr schnelle Abnahme seiner Kräfte. Wiewohl bis einige Tage vor seinem Ende jeder kleine Anschein von Besserung ihm etwas

neue Hoffnung zur Möglichkeit der Wiedergenesung gab, so
wendete er doch seine Zeit im Stillen an, sich auf sein Ende
vorzubereiten, mit dem Heilande über alles auszureden, wie er
sich selbst öftermals äußerte, und auch sonst sein Haus zu
bestellen. "Es hat allen Anschein", sagte er etwa 8 Tage vor
seinem Ende zu seinem Pfleger, "bei der schnellen Abnahme
meiner Kräfte, dass mich der Heiland bald zu sich nehmen wird.
Es ist das Beste für mich, ich bin ein armer Sünder, mein Gang
ist ihm nicht immer zu Freude gewesen, aber ich flehe seine
Gnade an und seine Vergebung und sehe dem wichtigen Tage mit
Freudigkeit entgegen." Nachdem er es den 18. und 19. ziemlich
leicht gehabt und sehr vergnügt und heiter gewesen, überfiel ihn
dem 20. früh um 4 Uhr ein Paroxysmus, so dass er glaubte, sein
Ende sei da. Er hieß sogleich seine Frau und Tochter rufen,
umarmte erstere und sagte: "Nun ists bald aus - mich nimmt der
Heiland in Gnaden an, und für dich und dein Kind wird er aufs
Beste sorgen." Er erholte sich zwar wieder, aber es kamen von
Zeit zu Zeit dergleichen krampfhafte Anfälle wieder. In der 10ten
Stunde nahm er sehr beweglichen Abschied von mir, seinen
Geschwistern und allen Anwesenden, dankte einem jeden und
besonders auch seinem Arzte, der seit 4 Uhr bei ihm war, mit
einem Händedruck und rührenden Äußerungen für alle ihm
erwiesene Liebe und Treue. Auch von seinem Töchterchen nahm
er den zärtlichsten Abschied und sagte zu ihr: "Ich gehe nun zum
lieben Heiland, sei deiner Mutter stets recht gehorsam, dass du
ein artiges Kind wirst, und ich einmal die Freude habe, dich im
Himmel wieder zu sehen. Ich werde den Heiland fleißig für dich
bitten, dass er dich zu einem guten Kinde macht."
Auf sein Bitten wurde er darauf zu seiner seligen Heimfahrt
eingesegnet, wobei er noch ganz sanfte mit in die Verse mit
einstimmte, und in der 12. Stunde kam der selige Moment, da er
von allen Leiden erlöset sanft einschlief und vom Glauben zum
Schauen gelangte, nachdem er hienieden seine Wallfahrt von
beinahe 35 Jahren verbracht hatte.

2. Matheus Andreas Mercher   (1730-1797)

Lebenslauf des am 17. Dezember 1797 in Ebersdorf selig entschlafenen Bruders Matheus Andreas Mercher. Er hat folgende schriftliche Nachricht von sich hinterlassen.

Ich bin geboren den 30. Juni 1730 in Bennebe auf der Insel Seeland. Mein Vater war And. Mercher ein Müller aus Teutschland gebürtig, und meine Mutter Anne geb. Mathiesen, eine Wagners Tochter. Mein Vater ging in meinem 5. Jahr schon aus der Zeit, daher wir in arme Umstände kamen und ich öfters mein Brod suchen musste, da suchte mich meine Mutter bei meinem Vetter unterzubringen, ich hatte es aber hier sehr schwer und kriegte nicht satt zu essen, daher ich öfters den Hunden ihr hartes Brot wegnahm. Dieses bewegte mich, in meinem 7. Jahr zu fremden Leuten in Dienst zu gehen. Ich kam zu einem Bauer, wo ich es ebenfalls (weil ich noch nicht pflügen konnte) sehr schwer hatte, sonderlich hatte ich in dem kalten Winter anno 1740, wo mein Bette oft voll Schnee lag, Kälte, Hunger und Durst auszustehen. Nun kam ich in eine Mühle zu dienen, hier sollte ich nun leibeigen werden, hatte mich auch schon unwissend einschreiben lassen, als ich aber nachdachte, so resolvierte ich mich, mit noch einem meiner Kameraden davon zu laufen. – Wir kamen über die große Belde glücklich bei meiner Mutter an; kaum aber waren wir ins Haus getreten, so klopften schon zwei Knechte, welche zu Pferde waren, an die Haustüre; ich erkannte sie gleich an der Stimme und sprang aus dem obersten Gipfel des Hauses hinunter in den Garten, wobei mir der liebe Gott half, dass ich ohne Schaden glücklich entkam. Meinen Kameraden hingegen haben sie wieder gekriegt. Von den Leuten im Dorf wurde ich noch etliche Tage versteckt, denn sie lauerten sowohl auf der Straße, als im Dorf auf mich. Weil ich hier nun nicht sicher war, so entschloss ich mich nach Kopenhagen zu gehen. Meine liebe Mutter begleitete mich ein Stück Wegs, und fiel unter freien Himmel mit mir auf die Knie, erteilte mir ihren mütterlichen Segen und bat den lieben Gott, mich auf Schritt und Tritt zu begleiten, zu bewahren und zu versorgen, weil sie mir gar nichts geben könnte. Sonderlich empfahl sie mir: „Stets Gott vor Augen zu haben, und mich vor schlechte Gesellschaft zu hüten." Ich nahm also von ihr den zärtlichsten Abschied, weil wir glaubten, uns in unsern Leben nicht wieder zu sehen. – Dieses machte schon damals einen großen Eindruck auf mich, so dass ich mir fest vornahm: "Von Gott will ich nicht lassen, Er lässt auch nicht von mir. Er wird mich auch zu versorgen wissen." Nun ging ich fort und kam zuerst nach Bosehüld zu einem Kaufmann, bei dem ich es auch ganz gut hatte; als ich aber einst einen Gemüse-Wagen nach der Stadt fuhr, begegneten mir oben erwähnte Knechte aus der Mühle, um mich noch zu suchen, welche mich auch gleich erkannten. Als ich sie sahe, sprang ich gleich vom Wagen, ließ alles auf der Landstraße stehen, und flohe zu dem Kaufmann, welcher mich gleich verbarg; sie kamen und suchten das ganze Haus aus, fanden mich zum Glück aber nicht. Hier konnte ich nun auch nicht länger bleiben, weil ich einmal schon verraten war, musste also nach einem Jahr wieder fort, wie wohl mich der Kaufmann ungern verlor. Nun reiste ich nach Copenhagen, um eine Profession zu erlernen, ich fragte überall an, es wollte mich aber niemand annehmen, weil ich noch so klein war und auch niemand hatte, der Lehrgeld für mich zahlen konnte. Ich ging also wieder aufs Amarkerland zu einem holländischen Bauer; es währte aber auch da nicht lang, da kam das Viehsterben, da dann alle Dienstleute ihren Abschied erhielten; und ich musste auch wieder fort. Nun probierte ich es abermals, und ging in die Stadt, und ein Nagelschmidt nahm mich an; weil mir aber diese Profession nicht anstand, so kam ich zu einem Grobschmid, wo ich auch 6 Jahre in der Lehre stand; allein weil ich noch sehr große Lust zur Schlosserey hatte, so kam ich zu dem Bruder meines Meisters, welcher ein Schlosser war, noch auf 4 Jahre in die Lehre. Hier hatte ich es aber wieder sehr schwer, und hatte einst unschuldiger Weise von einem Gesellen schon vor dem Frühstück siebenmal Schläge bekommen. – Nach geendeter Lehrzeit kam ich in die Königliche Schmiede, wo ich es von außen gut hatte und es mir recht wohl ging. – Anno 1752, in meinem 22. Jahr, wurde ich erweckt. Der Heilige Geist kam mir bei folgender Gelegenheit an mein Herz. Als ich einst zu der Beichte gehen wollte, so fiel mir sehr nachdenklich ein, dass ich jedes Mal verspräche, frommer und gottesfürchtiger zu leben, und es doch immer bei dem alten bliebe, und ich in so einem Zustand nicht selig werden könnte; darüber wurde ich sehr bekümmert. Als ich nun von ungefähr den Professor Lett predigen hörte, und er von der Wiedergeburt des Herzens redete und unter anderen sagte „wenn ein Mensch sich in seiner ganzen Sündigkeit und Blöße dem Heiland zu Füßen werfe, ihn als seinen Erlöser annehme und glaubte, dass sein vollgültiges Versöhnungsopfer auch für ihn geschehen wäre, so könnte man auf der Stelle seiner Seligkeit ganz gewiss werden", so machte dieses einen sehr tiefen Eindruck auf mein Herz, und ich fasste gleich den festen Entschluss, mich Jesu meinem Erlöser ganz zu ergeben, und Ihm als Seinem sauern Schmerzenslohn nicht länger zu entziehen. Nun kam ich in ein sehr frommes gesetzliches Wirken, ich suchte sehr fromm und tugendhaft zu leben, und meidete alle lustige Gesellschaft sehr sorgfältig. Ich ging mit den frommen Leuten in ihre Versammlungen und war recht eifrig, alles Gute zu tun und das Böse zu lassen. Dar hörte ich von ungefähr, dass im Waisenhaus ein <u>Bruder</u> predigte, und weil ich noch nie was von den Brüdern gehört hatte, so ging ich aus Neugierde hin, denselben zu hören. Er redete so einfältig, dass uns zu Seligkeit weder Beten, Fasten noch Almosen geben hülfe, sondern nur einzig und allein das vollgültige Verdienst Jesu Christ und dass man als ein Verdammungswürdiger die freie Gnade in Jesu Blute annehmen müsste. Dieses konnte ich damals nicht fassen, weil mein ganzes Thun in guten Werken bestand; ich ging nach der Predigt gleich zu ihm um meiner Sache gewiss zu werden, und welcher Weg der rechte sei. Er bewies mir, dass Jesus Christus nur in die Welt gekommen wäre, die Sünder selig zu machen und dass er nicht für Gerechte gestorben wäre und sein teures Blut vergossen hätte. - Als ich nun am nächsten Sonntag wieder in die fromme Gesellschaft kam, und die Reihe an mir war, dass ich beten sollte, so fiel mir der Vers ein:

Meine gute Werke die helfen mir nichts, ich fiel je länger je tiefer hinein, es war nichts guts am Leben mein, die Sünde hat mich besessen." –

Darauf sagten sie: Ei. der gehört nicht mehr zu uns, der ist auch schon verführt, er gehört zu den Brüdern. Ich ging sogleich zum Br. Gröger, welcher damals led. Brüder-Pfleger war und erzählte ihm, was mit mir vorgegangen war, und dass mein Verlangen sei, unter die Brüder aufgenommen zu werden. Ich bekam so gleich Erlaubnis in ihre Versammlungen zu gehen zum wahren Segen für mein Herz. Den 9. Nov. 1752 wurde ich in die Sozietät aufgenommen. Nun lernte ich mein Grundverderben immer besser kennen, und der Heilige Geist war an meinem Herzen recht geschäftig, er machte mir auch das verdienstvolle Leiden Jesu recht lebendig in meinen Herzen, ich war ganz erstaunt, dass mich der Heiland als den geringsten und unwertesten aus meiner ganzen Familie zu sich und zu seinem Volk gebracht, und es kam mir nun auch in den Gedanken, ob es nicht für meine Mutter eine Gelegenheit werden könnte, den lieben Heiland kennen zu lernen, wenn ich sie zu mir nach Copenhagen nähme; dieses geschah auch , und sie hat noch 6 Jahre bei mir gewohnt und kam mit den Geschwistern in nähere Bekanntschaft, lernte sich und den Heiland gründlich kennen und ging als eine arme und versöhnte Sünderin selig aus der Zeit. Ich hatte also meinen Zweck erreicht und dankte dem Heiland kindlich, dass er mich gewürdigt hatte ein Werkzeug zu sein, dass meine liebe Mutter den offenen Weg zu Jesu Wunden gesucht und gefunden hatte. Nun fühlte ich einen unwiderstehlichen Trieb zur Gemeine zu gehen, sahe aber vor die Zeit keine Möglichkeit dazu. Als ich am neuen Jahrestag in die Schlosskirche ging und über die Worte, welche Moses zum Herrn gesagt: „Herr wo dein Angesicht nicht vor uns hergehet, so ziehe ich nicht hinauf" zum Eingang geredet wurde, so aplicirte ich die Worte vom Lande Canaan, wo Milch und Honig innen fließt auf die Gemeine, dass das Wort von dem Blut und Wunden Jesu drinnen fließt, dachte aber dabei: Wo du Herr nicht vor mir hergehst, so ziehe ich nicht hinauf; Du musst mir erst selber Weg und Bahn machen. Ich musste auch noch 3 Jahre warten, bis die Zeit kam, dass er mich selbst gehen hieß, wiewohl mir jedermann abriet, weil es im Siebenjährigen Krieg war. Ich ließ mich aber nicht abhalten, sondern folgte dem Wink des Heilandes und reiste den 30. April1758 mit noch 2 Brüdern von Copenhagen ab; und kam glücklich den 18. May in Herrnhut an. Es wurde mir gleich gesagt, ich könnte auf meine Profession keine Arbeit kriegen. Ich hatte aber schon die Resolution gefasst, wenn ich auch als Tagelöhner oder Handlanger nur Wasser und Brot habe, so bringt mich niemand wieder fort. Den 28. erhielt ich aber schon Erlaubnis zu meiner größten Freude. Ich kam auch also bald auf meine Profession. – Den 7. August desselben Jahres wurde ich in die Gemeine aufgenommen und den 14. erhielt ich einen Ruf nach Ebersdorf, den ich kindlich aus der Hand des Herrn annahm, wiewohl ich lieber in Herrnhut geblieben wäre. Den 20. August 1758 kam ich allhier an, mit der schönen tröstlichen Losung: „Ich gedenke noch wohl daran, was ich ihm geredt habe, das ich noch soll werden Deine ganze Freud."

Den 20. Januar 1759 gelangte ich mit der Gemeine zum ersten Mal zum Genuss des heiligen Abendmahls, zum wahren Segen für mein Herz. Nun ging ich eine Zeit lang recht vergnügt und stille meinen Gang. Aber nach der Zeit kam ich in Gleichgültigkeit, Trockenheit und Selbstgefälligkeit, dass ich mich selbst vom heiligen Abendmahl ausschloss; ich konnte nicht beten, ich konnte nicht glauben, kurz, ich war in einem äußerst betrübten Gang, der mir unausstehlich war, ich dachte: Ehedem war ich so im Herrn vergnügt, und mitten in der Gemeine bin ich jetzt so missvergnügt, kurz es ging so weit, dass ich alles zusammen packte und die Gemeine zu verlassen dachte. Aber als ich diesen Schritt tat, so dachte ich, ich will doch zuerst mit dem Heiland und mit meinem Herzen reden. Ich fragte mich warum bist du zur Gemeine gegangen? Um reich zu werden? - gute Tage zu haben? – hierin beschuldigte mich mein Herz nicht, sondern mein Zweck war nur der, ich wollte ein recht seliges und vergnügtes Herz sein, und das war ich doch nicht. Nun wollte meine Vernunft bald diesem bald jenem Bruder die Schuld geben, bald diesem oder jenem Geschäfte. Allein ich traute meinem eigenen Herzen nicht, ich warf mich zu Jesu Füßen, weinte und bat, Er möchte sich meiner erbarmen und mir klar machen, wo es mir noch fehlte. Mein Heiland war auch so gnädig und stellte mir mein ganzes Sündenregister vor die Augen von meiner Kindheit an. Ach wie erschrak ich da, es waren ganz unübersteigliche Berge, ich dachte, entdecke ich mich meinem Pfleger, wie ich bin, so werde ich doch fort geschickt; hätte ich es nur eher gesagt, ehe ich zum heiligen Abendmahl gekommen bin. – Doch bat ich den Heiland, er sollte mir ein kindliches Herz schenken und endlich wagte ich es und redete mit meinem Arbeiter über alles recht gründlich aus; das war eine selige Stunde, anstatt mich weg zu schicken, wie ich glaubte, umarmte er und küsste er mich und wies mich zu den großen Sünderfreund. Zu dem wendete ich mich und am 28. August 1759 kam die selige Stunde, da ich die wahre Vergebung, Abwaschung und Heiligung von allen meinen Sünden in seinem Blute fand. Ich übergab mich Ihm mit Leib und Seele, mit Herz, Muth, Sinn und Gedanken zu Seinem ewigen Eigentum in Zeit und Ewigkeit. Ich fühlte recht kräftig den Anblick seiner Gnade, und mir wurde ein neues Leben aus Gott mitgeteilt. – Nun war ich wieder recht vergnügt und ging meinen Gang selig. Im August 1760 kam ich unter die Stundenbeter, und 1761 wurde ich von Br. Johannes in den led. Brüderbund aufgenommen, welches mir eine große Gnade war. Auch wurde ich hie und da in meinen Chor angestellt welches mir jedes Mal lieb und wichtig und zum Segen war. 1765 bekam ich wieder Gefallen an mir und kam in einen gleichgültigen Gang. Aber Dank sei es dem Heiland, der einmal mein Herz genommen und gebunden hatte, der brachte mich bald wieder auf die arme Sünderspur. Ach mein Heiland, leite, führe und regiere du mich, du weißt ja ich will sonst nichts als was Dir gefällig ist. Ich will nur Dein mit Leib und Seele sein, mein Reden, Thun und Sichten nach Deinem Willen richten, und dass ich das Auge nicht möge wenden von Wundanblick, das ist so die Summa der weisen Maximen von deren Erkenntnis die Sünder sich rühmen, denn der Umgang mit den Schmerzensmann ist alles was ich wünschen kann bis Leib und Seele scheiden.

Den 16. Januar 1766 trat ich mit der ledigen Schwester Maria Dorothea Wietz in die heilige Ehe. Unsere Ehe war in den ersten Jahren wegen der äußeren Umstände äußerst schwer, ich hatte wenig Arbeit und dann kam noch die teure Zeit dazu, da wir denn rechte harte Proben und Prüfungen mit einander durchzustehen hatten; wir kamen in große Schulden, so sauer wir es uns auch werden ließen; weil ich nun keine besseren Aussichten vor mich sahe, so ging es einmal bei uns so durcheinander, dass wir den Sinn fassten nach Altona zu ziehen, wo wir glaubten unser Durchkommen besser zu finden. Aber hier trat mir der Heiland wieder in den Weg. Er erinnerte mich an den ersten Bund, den er einmal mit mir geknüpft hatte, warnte mich, unser und unserer 3 Kinder Gnadenwahl nicht durch äußerliche Umstände zu verscherzen. – und das liebreiche Zureden des seligen Br. Schollers brachte mich gar bald wieder auf den rechten Weg, wiewohl es im Äußern immer noch schwer ging, und gar manches für mich zu erfahren gab, jedoch weil ich von jeher immer gewohnt war, den Heiland auch zu der geringsten Kleinigkeit zu Hülfe und Rath zu nehmen, so half er mir auch durch alles gnädiglich durch. Der treue Heiland lenkte meiner lieben Schwiegermutter ihr Herz, dass wir durch ihre Unterstützung so ziemlich aufs geraume kamen, und ich dankte dem Heiland dafür als dem Geber aller Gaben, dass er sie auch so gesegnet hatte. Besonders freute ich mich, dass wir das Vergnügen hatten, 10 Jahre lang unsre liebe Mutter bis an ihr seliges Ende zu verpflegen. Da wir nun im Äußeren so ziemlich aufs Geraume waren, so unterließ der liebe Heiland auch nicht Seinen Segen auf mein Gewerbe zu legen, wofür ich Ihm nie genug danken kann.

Unsre vergnügte Eher segnete Gott mit 9 Kindern, davon 6 schon in der Ewigkeit sind und 1 Sohn und 2 Töchter befinden sich hier in der Gemeine, welche Er bis hierher bei sich erhalten hat, und ich traue es Ihm auch kindlich zu, Er wird es ferner tun, ich lege sie alle Tage dem Heiland als Sein Eigentum an Sein Herz und habe sie Ihm vom Mutterleibe an aufgeopfert.

Meiner lieben Frau statte ich auch noch meinen Dank ab für ihre Treue und Liebe; sie war mir eine treue Gehilfin und suchte mir überall wo es nur ihre Kräfte erlaubten, zu Hülfe zu kommen, ich habe nun schon eine beinahe 32jährige Ehe mit ihr geführt. Der Heiland vergelte es ihr.

Nun was soll ich noch hin zu tun, ich weiß nichts als meinen treuen und barmherzigen Heiland zu loben und zu danken für alle Beweise Seiner Gnade und Liebe, die er mir armen unwürdigen Sünder von meiner ersten Geburtsstunde an bis in mein 68. Jahr hat zu genießen gegeben; insonderheit werde ich, wenn ich zu Ihm komme, Seine durchbohrten Füße mit Tränen benetzen, dass er mich aus der Finsternis zum Licht gebracht, Augen und Ohren aufgetan, das süße Evangelium zu hören und zu Seinem Werke gebracht hat, wo ich, der geringste und unwürdigste, die Gnade habe, ein Glied an Seinem Leibe genannt zu werden; ich kann in Wahrheit sagen: „Nichts ist an mir, nichts als armes, mein Heiland! Gib Du mir ein vom Blute warmes und von Deinen Tod und Schmerze immer hingenommnes Herze."

Ach mein lieber Heiland, wie es mir scheint, werden bald die Tage meines Endes heran eilen, worauf ich mich von Herzen freue und mich sehne, bald <u>den</u> zu sehn, der mich erlöset und so sauer erworben hat. Deine Marter, Blut, Tod und Wunden sind es, die mich armen verlornen und verdammten Sünder aus Gnaden durch gebracht haben, Deiner unendlichen Erbarmung habe ich es zu verdanken, dass ich ein lebendiges Glied an Deinem Leibe bin! Ach mit welcher Geduld und Langmut hast du mich immer geleitet und geführet, wie oft hatte ich Zorn und Ungnade verdient, wenn Dein Blut nicht für mich Barmherzigkeit gerufen hätte, ach wenn ich nun zu Dir komm, so denk ich nicht an Gut noch Fromm, sondern da kommt ein großer Sünder her, der gern ums Lösegeld bei Dir wär. Auch empfehle ich Dir, mein treuer Herr und Heiland, noch meine drei Kinder. Gib ihnen von Deinem verdienstvollen Leiden und Sterben stets einen unauslöschlichen Eindruck, erhalte sie aus Gnaden, wie bis daher, bei Dir und Deiner Gemeine und führe an ihnen alle Deine Frieds-Gedanken aus, bis Du sie vollendest. Und auch meine liebe Frau lass Dir zu Gnaden empfohlen sein; sei Du selbst ihr Vater und Versorger. Du hat es ja mit mir immer schöne gemacht, ich weiß Du tust es auch ferner an den Meinigen.

Ich küsse die Hand, die so viel Barmherzigkeit an mich gewandt; ach ich werde nun bald das neue Lied mit einstimmen können: „Eines hat mich durch gebracht, Lämmlein das Du bist geschlacht't. Amen.

Geschrieben den 21. August 1797

Wir können, so schreiben seine Witwe und Kinder, dieses was unser liebere seliger Vater von sich selbst eigenhändig aufgesetzt hat, nicht nur mit Wahrheit bekräftigen, sondern es ist bei weiten nicht alles gesagt, was er an seiner Seele und überhaupt in seinem Leben erfahren hat. Sein Verlust geht uns sehr nahe. Seiner Kinder Heil und Seligkeit lag ihm bei Tag und Nacht am Herzen und er ließ es an väterlichen Ermahnungen nicht fehlen. Er betete unablässig für sie zum Heiland und besonders wenn ihn seine Geschäfte über Feld zu gehen nötigten, so sagte er jedes Mal zum Abschied: „Ach wie freue ich mich, dass ich nun schon wieder Gelegenheit bekomme, für mich und meine Familie zu beten, welches jedes Mal ein rechter Segen für mich ist." Auch unterließ er es nicht, wenn er sahe, dass es angebracht war, seinen Mitmenschen, sie möchten hohen oder niedern Standes sein, den Freund seiner Seele anzupreisen und ihnen zu bezeigen, dass Jesus Christus kommen ist in die Welt die Sünder

selig zu machen. Denn man fühlte deutlich aus seinen
Äußerungen sein im Umgang mit dem Heiland lebendes,
vergnügtes und seliges Herze auf eine eindrückliche Weise,
welches sich desto lieblicher bemerken ließ, weil seine naturelle
und gerade Art von seiner Treue und von der Wahrheit seiner
Erklärungen zeugte. Durch seinen aufrichtigen, liebreichen,
freundlichen und überaus guttätigen Charakter hatte er sich
nicht nur die Liebe aller Geschwister erworben, sondern er wurde
auch von andern als ein Rechtschaffener Mann geehrt und
geliebt. – Seit vielen Jahren besorgte er das Saaldiener Amt und
als Krankenbesucher mit vieler Treue bis es seine
Schwächlichkeit nicht mehr zuließ. Dieses Frühjahr fing er an zu
kränkeln, da er sonst von einer sehr gesunden Leibes
Konstitution war; und hatte auch seit geraumer Zeit auf dem
einen Auge den grauen Star, so dass er mit demselben gar nichts
sehen konnte. Weil nun die Schwäche seiner Augen zunahm, so
reiste er im May nach Erlangen, um bei dem Herrn Geheimen
Rath von Schröber sich Rath zu erholen, und am 29. kam er zu
unser aller großen Freude noch ganz hübsch gesund wieder und
fing recht unermüdet eine Kur wegen seiner Augen an; es ließ
sich auch am Anfang der Gebrauch der Arznei recht gut an.
Allein nach 14 Tagen fing er schon an über große Schwäche und
Kreuzschmerzen zu klagen, welches aller angewandten Mittel
ungeachtet immer zu nahm. Am 7. September wohnte er noch
dem Festliebesmahl und Chor-Abendmahl bei, wiewohl in großer
Schwachheit, ließ sich auch noch am 10. in Br. Fabricius
Abschiedspredigt führen, welches sein letzter Ausgang war.
Überhaupt muss ihm das Zeugnis gegeben werden, dass er nie
eine Versammlung ohne die allergrößte Nöth versäumte, denn
das Heil aller Menschen lag ihm sehr am Herzen. Er war ein
fleißiger Beter für das ganze Werk Gottes, und an der ganzen
Brüder-Unität nahm er großen Anteil. Nun nahm seine Schwäche
merklich zu. Es wurden zwar alle ersinnliche Mittel zu seiner
Erhaltung angewendet, wo zu auch manchmal ein Schimmer der
Hoffnung sich zeigte, allein diese Freude war nur immer von

kurzer Dauer. Den 12. Oktober stellte sich ein heftiger Schlucken ein, welcher unausgesetzt bis den 16. früh anhielt; so dass man ihn nicht ohne das allerinnigste Mitleiden ansehen konnte. Seine große Geduld und sein dankbares Herz für jeden Dienst, der ihm geleistet wurde, machte uns nicht nur seine Pflege leicht, sondern auch wichtig, und es war uns eine Gnade ihn zu bedienen, denn auch in den allergrößten Schmerzen sagte er: „Ach ich bin nicht zu bedauern, der Heiland hat vielmehr für mich ausgestanden, mich zu erlösen." Den 5. Dezember abends um 8 Uhr nahm man eine merkliche Veränderung bei ihm gewahr, er wurde auf einmal außerordentlich munter und heiter und schlief auch die Nacht hindurch so gut, als es in der ganzen Krankheit nicht geschehen war, so dass er früh den 6. uns sämtlich aufrief, den Heiland mit ihn zu danken, dass Seine Kraft auch in den Schwachen mächtig wäre; da er sonst immer seine Gedanken aufs Heimgehen gerichtet hatte, so glaubte er nun, weil er so munter wäre, dass er vielleicht wieder gesund werden könnte. Den 8. war er noch so heiter und dar ihn viele gute Freunde und Nachbaren besuchten, so freute er sich recht darüber, reichte einen jeden die Hand und war gar sehr zärtlich liebreich und gesprächig, bedankte sich für ihre Liebe und Treue, ja er nur sein dankbares Herz genug an den Tag legen sollte.

Allein in der Nacht auf den 9. änderte es sich ganz. Er wurde wieder äußerst schwach und wünschte nur noch sehnlich das letzte Mal das heilige Abendmahl und zwar mit seiner Familie hier zu genießen, welches auch denselben Tag noch geschah; es waltete dabei ein ganz ausgezeichnet, himmlisch, seliges und zugleich wehmütiges Gefühl, welches uns unvergesslich bleiben wird. Den 12. nachmittags machte er einen herzbeweglichen Abschied mit uns und erteilte einen jeden in Sonderheit seinen väterlichen Segen mit. -

Wir alle, die den seligen Bruder Speziell gekannt haben, können zu dem bereits angeführten von Herzen Ja und Amen sagen. Sein

Wandel zeigte, dass sein Herz im Glauben an Jesum unsern Heiland und im Genuss seiner Versöhnung lebte. In seinen letzten Lebenstagen bezeigte er noch in einer besonderen Herzens-Unterredung mit einem Bruder, wie ihn nun noch der liebe Heiland die wahre armen Sünder-Gnade so groß und schätzbar mache, so dass ihm nun am Ende seines Lebens nichts als die ihm durch Jesu Blut und Tod erworbene Gerechtigkeit zustatten komme, und dass er sich bloß als ein armer aber begnadigter Sünder im Glauben zu Ihm wenden könne, dabei er den süßesten Trost genieße p.

Nachdem er am 12. dieses Monats Dezember mit seiner lieben Frau und Kindern einen herzbeweglichen Abschied gemacht hatte; so bezeigte er ein sehnliches Verlangen, auch bald den Segen zu seiner Heimfahrt zu empfangen, indem er glaubte, dass ihn der liebe Heiland nun bald zu sich nehmen würde. Man gewährte ihm auch gerne seine Bitte, noch am selbigen Tage den 12. Nachdem sich abends in der 8. Stunde nebst seiner Familie noch mehrere Geschwister bei ihm versammelt hatten, wurde ihm nach dem Gesang einiger Verse, unter einem gar seligen Gefühl der nahen Gegenwart des lieben Heilandes der Segen des Herrn und der Gemeine erteilt, wobei ihm und allen Anwesenden Herz und Auge von Lieb- und Danktränen übergingen. Dieses überaus tröstende Gefühl der Liebe Jesu verließ ihn auch in den folgenden Tagen nicht, sondern seine Seele war bei allen Schmerzen voll Lob und Dank für das was der Herr an ihm getan hatte. Ein besonderes Labsal war es ihm, wenn bei seinem Bette Heimgangs-Verse gesungen wurden. In sehnsuchtsvollem Verlangen seinen Seelenbräutigam zu empfangen verbrachte er noch 5 Tage bis zum 17. Wenige Stunden vor seinem Verscheiden gab er noch selbst den Vers an zu singen: „Lass mich nur, Herr Jesu, bis zum Erblassen, dich unverrücklich ins Auge fassen zu meinem Trost". Bald darauf kam er in einen süßen Schlummer, bis abends in der 7. Stunde sein Atem stille stand, da sein Mund fast unvermerkt erbleichte und seine Seele in die Arme seines Erlösers sanft und selig überging.

Seine Lebenstage haben gewährt 67 Jahr 10 Monath und 17 Tage.

3. Carl August Herrmann   (1815-1906)

Auszug aus dem Lebenslauf des am 12. Februar 1906 zu Ebersdorf entschlafenen verwitweten Bruders Carl August Herrmann.

Unser Vater wurde am 4. Juli 1815 in Lauban in Schlesien geboren. Seine Jugend verbrachte er meist in dem Hause seiner Großeltern, die ihn gut und christlich erzogen. Als Knabe musste er neben der Schularbeit, die ihm leicht wurde und Freude bereitete, viel in Haus und Hof helfen und regelmäßig den Hausgottesdienst, den der Großvater abhielt, besuchen. Nach beendeter Schulzeit erlernte er die Tischlerprofession, die er dann auch sein ganzes Leben lang mit Geschick, Lust und Liebe betrieb. Als er ausgelernt hatte, sah er sich die Welt an, wanderte und arbeitete dazwischen in verschiedenen norddeutschen Städten und bildete sich in Hamburg namentlich einige Jahre im Zeichnen aus. So kehrte er nach einigen wohlausgenutzten Jahren in die Heimat zurück, nachdem er in der damals fast eisenbahnlosen Zeit sich wunde Füße vom Wandern zugezogen hatte.
Nach seiner Rückkehr erhielt er auch Kenntnis von der Brüdergemeine, da sein Onkel der alte Senator Herrmann von Lauban nach Herrnhut übergesiedelt war. Er besuchte diesen seinen Onkel öfter und wurde in dessen Krankheit sein Pfleger. In dieser Zeit wurde auch in ihm der Wunsch rege ein Mitglied der Brüdergemeine zu werden. Nach dem Tode des Onkels erhielt er in Gnadenfrei Stellung, arbeitete dann in Gnadenfeld und wurde endlich in Herrnhut Meister der Brüderhaustischlerei. In dieser Zeit erhielt er die Erlaubnis zur Gemeine und wurde am 13. November 1844 in dieselbe aufgenommen. Drei Jahre später wurde ihm angetragen, die Tischlerei in Ebersdorf auf eigene Rechnung zu übernehmen. Nach einer Besichtigung der Verhältnisse in Ebersdorf siedelte er dann am 1. November 1847 ganz dahin über und beschloss so seine langen Wanderjahre. –

Frisch und froh arbeitete er mit den drei vorgefundenen Leuten im Geschäft weiter, ersparte etwas und lieferte den Beweis, dass er wohl imstande sein würde, für eine Familie zu sorgen. Nach zwei Jahren erhielt er die Erlaubnis einen eigenen Hausstand zu begründen und fand in der ledigen Schwester Amalie Schreiber eine treue Lebensgefährtin. Zu seiner Hochzeit mit derselben kamen zu seiner großen Freude seine Mutter und zwei Brüder aus Lauban. Im Laufe der Jahre wurden ihm und seiner Gattin acht Kinder geschenkt, von denen aber vier im zarten Kindesalter starben. Die vier letzten ließ ihnen der Herr, und sie wuchsen zu ihrer Freude gesund und frisch heran. Aber der Herr nahm ihm am 8. Mai 1873 die treue Lebensgefährtin, die Mutter der vier noch unmündigen Kinder unverhofft von der Seite. Einige Monate später übernahm die jüngste Schwester der Entschlafenen, Justine Schreiber, die Führung des Haushaltes und wurde im Februar 1874 die Gattin und Hausmutter. So verflossen die nächsten Jahre ruhig. Im Januar 1883 schickte der Herr eine Prüfung, indem durch eine Feuersbrunst das große Schuppengebäude hinter dem Hause mit dem gesamten Inhalt, der wichtig und wertvoll war, niederbrannte. Aber auch da half der Herr weiter und das Unglück wurde überwunden. Freude bereitete ihm die Heimkehr seines zweiten Sohnes vom Seminar zu Niesky nach abgelegter Prüfung und seine Berufung nach Christiansfeld. Bald aber kehrte wieder Sorge ein durch ernste Krankheit, die den jüngsten Sohn betraf nach seiner Heimkehr ins Elternhaus. Mit Gottes Hilfe war jedoch dieselbe nach einigen Monaten behoben. Und nun kam die Reihe an ihn selber, indem ihn der Herr auf ein kurzes Krankenlager warf, infolge einiger Schlaganfälle. Jedoch dauerte diese Erkrankung nicht sehr lange, wenngleich eine längere Lähmung der rechten Hand und Seite zurückblieb. Er genas vollständig wieder und konnte noch Jahre hindurch seinem Geschäft nachgehen, bis er es endlich 1891 seinem ältesten Sohn übergab. Ein Jahr vorher hatte noch die Verheiratung seiner Tochter Anna stattgefunden, die einem Ruf auf die Mission nach Südafrika folgte. Er sollte sie nicht wiedersehen., da sie 1899 in der Ferne entschlief. In der Nähe und Ferne erblühte ihm eine große Schar Enkelkinder, die er alle herzlich liebte und auf treuem betenden Herzen trug.

Der Herr nahm ihm nach mehr als 25jähriger Ehe seine zweite Gattin und ließ ihn so noch mehr vereinsamen, da im Laufe der Zeit so mancher treue Freund und Nachbar abgerufen worden war. Jedoch blieb er immer heiter und fröhlich und kannte keine größere Freude, als tätig zu sein für andere und verbrachte viel Zeit mit dem Lesen guter Bücher und namentlich der Bibel, die er über alles hoch und wert hielt. Sein ganzes Leben hatte er Freude an Musik gehabt und hat es auch dadurch bewiesen, dass er mehr als 40 Jahre eifriger Mitwirkender im Blasen war. Namentlich liebte er auch den Gesang und bis in sein letztes Stündlein hinein war sein Herz voll Jauchzen und Singen und Lob und Dank. Viele Jahre diente er auch der Gemeine im damaligen Aufseherkollegium und in anderen kleinen Ämtern. So verfloss sein Leben im Dienst für die Seinen, für die Gemeine und im Dienste seines Herrn, an dem er mit großer Treue und Liebe hing und zu dem er sich recht hin sehnte, namentlich in den letzten Jahren.

Große Freude schenkte ihm der Herr bei seinem neunzigsten Geburtstag, den er in Rüstigkeit beging und der ihm viele Beweise der Liebe brachte. Bald darauf entriss ihm der Herr seinen treuen Freund und Vetter Carl Adam, der zum Besuche aus Niesky gekommen war. Und dann kam der Herr mit noch mehr Leid, indem er schwere Krankheit auf den jüngsten Sohn legte, der zum Besuch gekommen war, und das Leid nahm zu, als sein ältester Sohn und Nachfolger gleichfalls ernst erkrankte. So hat er den Kelch des Leidens ganz geleert, aber das Vertrauen auf seinen Herrn nicht verloren, der ihn am 12. Februar, vormittags 10 Uhr sanft und selig vollendete.

Vielen herzlichen Dank in seinem und unserem Namen allen treuen Kunden und Bekannten.

4. Christian Georg Andreas Oldendorp   (1721-1787)

Unser lieber seliger Bruder Christian Georg Andreas Oldendorp
hat von seinem Gnadengang durch diese Zeit unter andern
folgendes schriftlich hinterlassen:
Ich bin 1721 den 8. März in dem Dorfe Großen Lafferte in dem
Stift Hildesheim, wo mein Vater das Predigeramt 25 Jahr bedient
hat, geboren, und den 16. März getauft. Meine lieben Eltern
verlor ich durch einen seligen Tod in meinen ersten Kinderjahren,
blieb aber bei meinem ältesten Bruder Johann Christoph, der
meinem lieben Vater in seinem Amte folgte, bis in mein 11tes
Jahr. Dieser mein seliger Bruder ermahnte mich oft zur
Sinnesänderung und Bekehrung zu Gott; und da die Gnade Jesu
Christi sich an meinem Herzen nicht unbezeuget ließ, war diese
Ermahnung nicht ohne Nutzen und Segen. Oft durchdrungen von
Jesu Liebe kniete ich an einsamen Orten, wo ich mit Ihm,
meinem Freunde allein ungestört reden konnte, nieder, und
weinte Freuden- und Danktränen für seine unbeschreibliche
Liebe, womit er mich und alle Menschen geliebet hat. Ich bat
auch in der Nacht, wenn ich erwachte, Gott um Vergebung
meiner Sünden, und empfand süßen Trost, und schlief wieder
fröhlich ein. Meine liebsten Gesänge waren das Lied: „Seelen-
Bräutigam, Jesu Gottes Lamm ...", „O wie selig sind die Seelen,
die mit Jesu sich vermählen ..." und beim Singen derselben
empfand ich immer etwas wohltuendes.
Sobald ich ein wenig schreiben konnte, schrieb ich Gebetlein auf,
mit denen ich Leuten im Hause, auch besuchenden Freunden
und Verwandten, die mich wegen meines muntern Wesens
liebten, Geschenke machte, und dabei bezeugte, was das Wort
Gottes für eine Kraft habe, selig zu machen, die daran glauben.
Meine Neigung ging vornehmlich zur Poesie und Rednerkunst
und ich machte darinnen kindliche Versuche.
In meinem 11ten Jahr kam ich nach Hildesheim auf das
Gymnasium, in das Haus meines Vormundes, der ein ernsthafter
gottliebender Mann war. Als ich nun das erste Mal zum heiligen

Abendmahl gehen wollte, nahm er mich allein, und ermahnte mich ernstlich, die Wichtigkeit meines Vorhabens zu bedenken. Ich befolgte seine Ermahnung und bereitete mich dazu als zu einer wichtigen und mir ehrwürdigen Handlung. Es entstand bei mir die Erkenntnis meiner natürlichen Verdorbenheit, mit dem Gefühl der göttlichen Liebe, und mit dem Verlangen nach der Vereinigung mit Christo. Beim heiligen Abendmahl stand ich vor dem Altar mit heiligem Zittern, und nach dem Genuss desselben fühlte ich ein neues Leben im Herzen.

Durch meinen Fleiß, Munterkeit und besonders durch meine verfertigte Poesien erwarb ich mir viele Liebe und Achtung, aber das darüber mir erteilte Lob, und das Vorsagen, was für ein Mann aus mir werden würde, machte, dass ich immer mehr Gefallen an mir selber bekam, und nicht geringe Gedanken von meinem großen Verstand fasste, und wie ich einmal in der gelehrten Welt hervorragen würde. Dabei regte sich die in mir wohnende Sünde auf manche gefährliche Weise. Hierzu kam nun noch dieses: Es kam ein neuer Rektor an das Gymnasium, der mit großem Eifer und Beifall die sogenannte Wolfische Philosophie lehrte, und die ganze erste Klasse des Gymnasiums, in der auch ich war, wurde hingerissen. Nun fing ich an, alles nach der Vernunft zu untersuchen, und durch Missbrauch derselben zog ich in Zweifel, was ich nicht begreifen konnte. Die beständige Anstrengung der Seelenkräfte in abstrakten philosophischen Begriffen und Untersuchungen, brachten mich von den vergnügten einsamen Unterredungen mit dem Freunde meiner Seele ab. Es entstand nach und nach eine Geringschätzung der Erbauung aus andern geistlichen Schriften, und die erste Liebe erlosch mit den bisherigen seligen Empfindungen. Doch blieb in dieser gefährlichen Zeit ein Fünkchen Leben, das von Zeit zu Zeit angeblasen und wieder zum Flämmchen wurde. Auch gereichten mit die Besuche bei meinem Bruder in Groß-Lafferte, und der Umgang mit den dasigen erweckten Seelen, immer zu neuer Anfassung.

Ich erinnere mich noch immer einer Rede des Predigers Böttgers in Wernigerode, die er über die Worte Off. Joh. 22 v.17 „Wem da dürstet, der komme" hielt, die mir sehr zu Herzen ging und mich in Liebe zu Jesu aufs neue entzündete.

Da es aber an Verführung zur Sünde nicht fehlte, so blieb in der Folge von meiner vorigen seligen Herzensstellung nicht viel mehr übrig als der Vorsatz, mich zu bekehren, und eine Liebe zu Kindern Gottes.

In meinem 20ten Jahre wurde ich auf die Universität Jena geschickt, wo mein ältester Bruder studiert hatte, und wo sich mein dritter Bruder Johann Siegfried schon ins 6te Jahr aufhielt, und mit den dasigen Brüdern sowohl in Verbindung stand, als auch mit dem seligen Herrn Grafen Zinzendorf nicht unbekannt war. Diesem meinem seligen Bruder, der sich dem Heiland und seinem Dienst ganz ergeben hatte, und aus Liefland zur Brüdergemeine kam, und 1758 in Barby seinen Lauf selig vollendet hat, lag es sehr an, dass ich nach Jena kommen möchte, und erteilte deshalb meinem ältesten Bruder und mir Nachricht von der dasigen Einrichtung zur Förderung des Gnadenganges der erweckten Studenten.

Dadurch hörte ich zum ersten mal vom Herrn Grafen Zinzendorf und der evangelischen Brüdergemeine, und es war gleich in meinem Herzen eine Zuneigung und herzliches Verlangen, unter diese Leute zu kommen.

Bei meiner Ankunft in Jena passten mir 2 meiner Hildesheimer Mitschüler auf, und nahmen mich in ihre Wohnung. Allein ich erkannte bald aus ihren Reden und Handlungen ihre Lebensart, die mir nicht gefiel, begab mich zu meinem Bruder nach dem Krausischen Hause, und zog den 7. Mai 1740 zu ihm.

Dieses war das Haus, wo der junge Herr Graf Renatus von Zinzendorf gewohnt, und worinnen viele gesegnete Versammlungen von seinem Herrn Vater sind gehalten worden. Im Hinterhause wohnten verschiedene erweckte Studenten, die alle Donnerstag eine Erbauungsstunde hatten. Der Schall vom

Singen drang in meine Stube, und ich kann nicht beschreiben, wie sehr ich davon gerühret wurde.

Auch wurde ich in dem Exegetischen Collegio des bekannten seligen Herrn Magister Brumhardts von neuem kräftig angefasst, und kam durch meinen Bruder in Bekanntschaft mit den Jenaischen Brüdern, die mit der Brüdergemeine in Verbindung standen. Zu Ende des Sommers erhielt mein Bruder Siegfried einen Ruf nach Liefland als Informator. Ich hatte ihn herzlich lieb und schrieb ihm zum Abschied:

> Seht der Glanz der Morgenröte
> bricht mit voller Macht herein,
> drum kann selbst das Licht der Sonne
> ja nicht mehr so ferne sein.
>
> Du scheid'st nicht aus meinem Herzen,
> obgleich das Auge dich nicht sieht,
> obgleich die Hand dich fahren lässt
> behält dich dennoch mein Gemüt.
>
> Ja können wir uns erst einmal
> an einem Leibe Glieder nennen,
> wer mag alsdann sich unterstehn,
> das Band der Liebe zu zertrennen.

Mein im Herzen tiefliegender Sinn, blickte aus diesen Versen hervor. Mein lieber Bruder besorgte vor seiner Abreise mir einen Stubenkameraden namens Schaefer, der zu den Jenaischen Brüdern sich hielt, und endlich zur Brüdergemeine gekommen ist. Mit diesem zog ich in das Neresische Haus, worinnen lauter erweckte Studenten wohnten, welche unter des Herrn Magister Brumhardts Besorgung zur gemeinschaftlichen Erbauung da beisammen waren. Hier entschloss ich mich, allem abzusagen und ein neuer Mensch zu werden, und es wurde mir nach und nach klar, dass die wahre Bekehrung darin bestünde, dass man als ein in Sünden Toter durch Jesum Christum zum Leben gebracht würde, und dieses Leben wäre ein Gefühl des Herzens, das aus der Vereinigung mit dem Heiland her flösse.

Dieses Leben zu erlangen, war von nun an mein einziges Trachten. In diesem Hause fing sich also gleichsam die Morgenröte meiner Seligkeit an, auf die bald das volle Licht folgte. Im Jahr 1741 zog ich ins Lemannische Haus auf eine Stube allein, und hier kam die mir unvergesslich bleibende selige Stunde, in der ich Jesum Christum als Versöhner meiner Sünde gründlich kennen lernte, und lebendig erfuhr. Meine Erweckung hatte sich mit Liebeszügen des Seelen-Bräutigams Jesu Christi, und mit seligen Empfindungen seiner Freundlichkeit angefangen, und war so fortgegangen.

Bei dem Genuss seiner Freundlichkeit hatte ich nie ein ängstliches Nachdenken über meine Sünde aufkommen lassen; ich hielt mich für einen sündigen Menschen, aber nur ins allgemeine, ohne tiefgehende Empfindungen davon. Nun aber brachte mich der Heiland in eine göttliche Traurigkeit über meine Sünde, wusste aber auch dieselbe in Freude zu verwandeln, durch Vorstellung seines blutigen Opfers zur Vergebung der Sünde und zur göttlichen Belebung des Herzens.

Es erzählte mir ein Bruder ein erschröckliches Exempel eines von Gott gezüchtigten Menschen. Über diese Geschichte kam ich in große Herzensangst. Alle meine begangenen Sünden fielen mir auf einmal ein, und schwebten mir vor den Augen. Sie wurden mir so schwer, dass ich nicht wusste, wo ich bleiben sollte. Ich lief in mein Kämmerlein, warf mich vor dem Heiland nieder und bat ihn mit Tränen um Vergebung aller meiner Sünden, um seines Blutes willen, das er auch für mich vergossen. Es war mir, als wäre ich zu dem am Kreuze hangenden blutigen Erlöser hingerücket, und sähe sein für mich fließendes Blut. Tief in meinem Herzen erscholl die Stimme: Deine Sünden sind dir vergeben. Das machte Friede, Freude und Versicherung der Vergebung der Sünden, und des ewigen Lebens mit Scham und Beugung. Als ich aufstand, war ich betrunken von den

genossenen Heilsgütern, und machte darauf mein erstes
geistliches Lied mit folgenden Ausdrücken:

Lamm! Ich liege dir zu Füßen
Lasse mich deine Wunden küssen
und durchströmen meinen Geist
mit dem Blut, das von dir fleußt.

Sonst kann mich doch nichts mehr laben,
dieses Kleinod muss ich haben
das so wunderschön mich schmückt
und zugleich das Herz erquickt.

Ich erwarb es mit Verlangen
Liebster! Lasse dich doch umfangen,
nimm von mir den Liebes Kuss.
schenk mir deines Blutes Guss!

Ich verspüre schon sein Eilen.
Auf! Jetzt gilt es kein Verweilen!
Seine Gegenwart ist da:
Denn sein Blut das wird mir nah.

Dringt herein, ihr Seelen Kräfte,
ganz in dieses Lustgeschäfte,
da der Bräutigam euch tränkt!
Wärt ihr ganz hinein versenkt!

O, wer kann es doch beschreiben
was das heißt: an Jesum gläuben,
und ein grünes Rebelein
an dem Weinstock Jesu sein?

Lamm! Lasse deine blutgen Wunden,
deinen Tod, den du empfunden,
deine Marter, Angst und Pein
meinen Lebensbalsam sein!

Nachher kamen mir des Herrn Grafen Zinzendorf Berlinische
Reden, auch andere Schriften und Lieder aus der Brüdergemeine
in die Hände. Aus diesen und aus eigenem Nachdenken bekam
ich eine Einsicht in die wahre Kirche Christi, wie solche im Neuen
Testament sein könnte, und nach dem Willen des Heilands sein
sollte. Mit dieser Erkenntnis wuchs mein Verlangen, in einer
solchen Gemeine zu sein, und ich fasste den Entschluss, in
meinem Leben einzig und allein dem Heiland zu dienen und seine
Versöhnung zu predigen, ohne an Ort und Amt gebunden zu
sein.

In dieser Zeit besuchte ich die Brüdergemeine in Ebersdorf, wo es
mir sehr wohl gefiel. Ob ich nun gleich ein vergnügtes Herz hatte,
so war ich doch nicht ganz zufrieden, weil es mir an brüderlicher
Gemeinschaft, wie sie nach meiner Erkenntnis sein sollte, fehlte.
Die Brüdergemeine war mir nicht unbekannt, ich sang täglich
ihre Lieder, ich sah aber keinen Weg, ihr ganz einverleibt zu
werden, obschon ich im Geist mich mit ihr vereinigt hielt.

Die Jenaischen Studenten-Brüder, welche sich unter Magister
Brumhardts Besorgung zusammen hielten, bestanden aus 3
Klassen. Die erste hatte zum Zweck, ihrer Religion zu dienen,
und sich zu einer tüchtigen Amtsführung zubereiten zu lassen,
und um dieser willen waren eigentlich die Brumhardtischen
Anstalten. Sie standen mit der Brüdergemeine in mehr oder
weniger Bekanntschaft und Freundschaft. Die 2te Klasse enthielt
einen geringen Teil, der die Brüdergemeine näher kannte, und
mit ihr ganz in Verbindung zu kommen und bei ihr dem Herrn zu
dienen, suchte. Die 3te Klasse suchte eine eigene
Neutestamentische Gemeine aufzurichten, und hatte dabei eine
herzliche Liebe zur Brüdergemeine, doch glaubten einige, dass

man, ohne mit ihr in Gemeinschaft zu sein, als eine Gemeine Christi bestehen könnte.

Ich war insonderheit auf die letzte, davon die meisten mit mir in einem Hause wohnten, aufmerksam, und da ich merkte, dass sie sich durch eine besondere Vertraulichkeit und Liebe untereinander und durch ein vergnügtes und freudiges Wesen vor andern sehr auszeichneten, so entstand in mir das Verlangen, mit ihr näher vereinigt zu werden, zumal da ich aus den Besuchen, die sie von Herrnhut bekamen, Schloss, dass sie mit der Brüdergemeine in genauer Verbindung ständen. Das Verlangen meines Herzens wurde auch, da ich sie und sie mich, näher kennen gelernt, erfüllt. Ich wurde in ihre Gemeinschaft aufgenommen und trat in eine neue Gnadenzeit ein.

Ich nahm daher auch gar nicht einmal in Überlegung, als mir durch meinen ältesten Bruder eine Pastoralstelle in meinem Vaterland angetragen wurde. Nach einiger Zeit aber wurde ich gewahr, dass sie nicht allein nicht in der von mir vermeinten herzlichen Vereinigung mit der Brüdergemeine stünden, sondern dem größten Teil nach in wichtigen Stücken gegen sie waren. Endlich entstand eine Trennung unter ihnen, durch die verschiedenen Begriffe, die sie von der Brüdergemeine und ihrer Lehrart hatten; und nach dem Tode des seligen Magister Brumhardts wurden dessen Anstalten aufgehoben, und alle Privat-Versammlungen verboten.

Zwei Tage nach des seligen Magister Brumhardts Tode 1742, den 12. November, kam der selige Bruder Magister Samuel Lieberkühn, der ehedem den Studenten in Jena sowohl Collegia gelesen, als Erbauungsstunden gehalten, auf einer Reise von Marienborn nach Schlesien zum Besuch, und blieb eine Zeitlang da. Er nahm sich insonderheit derjenigen erweckten Studenten an, die einen Sinn zur Brüdergemeine hatten. Nachdem ich mit ihm gehörig bekannt und vertraut geworden, erteilte er mir den Rat, sobald ich könnte, mich ins Seminarium der Brüder nach Marienborn zu begeben.

Ich befolgte seinen Rat, und ging den 12. Februar 1743 mit einem dem Heiland ganz ergebenen Herzen und mit großen Freuden teils aus der letzten Verwirrung unter den Studenten-Brüdern heraus, teils ein Plätzchen zu bekommen, das solange der Gegenstand meiner Sehnsucht gewesen war, aus Jena, und kam den 19. gesund und wohl in Herrnhaag an, wo ich von Bruder Johannes und Layritz liebreich empfangen wurde. Den 27. April wurde ich in die Brüdergemeine aufgenommen und den 24. Juni gelangte ich mit derselben zum heiligen Abendmahl.

Wie ich nun in der Gemeine von meinem lieben Herrn und Heiland bin geleitet und in seinem Dienst an verschiedenen Orten angestellet worden, davon habe ich in meinem Tagebuch kurze Anzeige getan.

Aus diesem seinem Tagebuch ersiehet man: dass unser lieber seliger Bruder bis ins Jahr 1746 bei den damaligen Erziehungs-Anstalten in Marienborn und Lindheim gedienet, in diesem 1746ten Jahre aber nach Herrnhut zu einer Privat-Information der Söhne des Bruder von Schweiniz gekommen, mit denen er ins Pädagogium nach Urska in Schlesien, dann mit denselben nach Neusalz und nachhero nach dem sogenannten Schlössel bei Gnadenfrei gegangen.

Im Jahr 1749 hat er bei dem Paedagogio in Hennersdorf, das dahin aus Marienborn versetzet war, gedient.

Im Jahr 1753 kam er als Informator und Hausprediger zu dem Herrn Baron von Campenhausen nach Orellen in Liefland, und blieb in dieser Station bis 1759.

Da er den 29. September von da nach Riga abreiste; um von da zu Schiffe nach Deutschland zu gehen, erfuhr er eine besondere Bewahrung Gottes, bei einem gefährlichen Fall aus dem Wagen, der durch Scheuwerden der Pferde verursacht wurde, und dabei er den linken Arm verrenkte, so dass er genötiget wurde, in Roop zu bleiben. Hierbei war aber eine besondere Fürsorge Gottes für ihn, denn als er nach Riga kam, waren die zwei Schiffe, mit deren einem er nach Deutschland gehen sollte, schon abgesegelt, und man hörete nachhero, dass beide verunglückt wären. Seine Reise verzog sich nun bis ins Jahr 1760, da er im September gesund und wohlbehalten in Barby ankam, und im Schreiber-Collegio diente, bis er im Jahr 1761 nach Isenschnibbe bei Gardeleben zu dem Herrn von Alvensleben zur Erziehung seiner Söhne, und zur Besorgung des Haus-Gottesdienstes kam, da er denn auch in der umliegenden Gegend Gelegenheit hatte, das Evangelium öffentlich zu verkündigen.

Im Jahr 1762 kam er von Isenschnibbe zurück ins Paedagogium nach Niesky, und hat demselben als Dozent und der Gemeine mit erbaulichen Vorträgen gedient, bis er im Jahr 1766, da er im Febr. den Auftrag erhielt eine Geschichte der Evangelischen Brüder in den Caribischen Inseln St. Thomas, St. Croix und St. Jan zu verfertigen, und eine Reise dahin zu tun, welchen Antrag er mit Freuden aus der Hand des Heilands annahm.

Diese Reise trat er den 23. September mit Bruder Auerbach über Stettin und Coppenhagen an, und segelte den 21. November von Coppenhagen ab. Er hatte eine lange und beschwerliche Seereise, indem das Schiff zweimal an der norwegischen Küste einlaufen musste, da sie dann viele Kälte und mancherlei Ungemach ausgestanden, und nicht eher als den 22. Mai 1767 in St. Croix ankamen.

Er besuchte alle 3 Eilande und nahm freuden- und dankvollen Anteil an dem großen Werk Gottes, diente den Missionarien wo er konnte, und erbauete auch die aus den Heiden gesammelte Gemeine Jesu auf verschiedene Weise, und sammelte die nötigen Materialien zu gedachter Missions-Geschichte, hielt sich in diesen Eilanden bis zum 23. Oktober 1768 auf, da er seine Rückreise aus St. Thomas nach Nord-Amerika antrat, und den 12. November in Neuyork ankam.

Im Jahr 1769, eben am Heidenfest, den 6. Januar, machte er in Bethlehem den Anfang, seine Missionsgeschichte aufzusetzen. Er besuchte verschiedene Gemeinen in Nord-Amerika, erbauete dieselben durch seine Vorträge, und hielt auch an verschiedenen Orten öffentliche Predigten an zahlreichen Zuhörern.

Den 17. April 1769 segelte er von Philadelphia nach Europa ab, und kam über London und Zeyst in Holland, den 29. Juni in Marienborn, wo eben ein Brüder-Synodus gehalten werden sollte, dem er mit beiwohnte, an.

Er erhielt von diesem Synodo den Ruf zum Prediger und Chorhalter der ledigen Brüder in Marienborn, und wurde den 20. September zu einem Diacono der Brüder-Kirche eingesegnet; bediente als ledig, das Gemeinlein in Marienborn mit Gnade und Segen bis im September 1770, da er zum fernern Dienst des Heilands den 3. Oktober mit der jetzigen lieben Witwe, unsrer lieben Schwester Anna Cornelia, geborne Babelingh zu Groß-Hennersdorf zur heiligen Ehe verbunden wurde, welche der Heiland mit 2 Söhnen Chr. Johannes Andreas und Georg Ludwig, die in dem Paedagogio zu Niesky zum Dienst des Heilands erzogen werden, gesegnet hat.

Er schreibt von diesen seinen lieben Kindern: sie sind ganz den Heiland hingegeben und geweiht. Er mache aus ihnen Ihm treu ergebene selige Herzen, und lasse sie, wenn er sie bis zur Seligkeit zu seinem Dienst hienieden bleiben lässt, in seinem Reich unter Ihm leben, und Ihm dienen; treu an ihm und der Gemeine hangen, fest verschlossen sein in seinen Wunden, gegen allen Schaden von Seiten der Welt und des Fleisches, und wohl verwahrt vor dem argen Geist, der jetzt in der Welt herrrschet, und die Seelen von Jesu Kreuz wegführt.

Ahmet, lieben Söhne! in der Ergebenheit an Jesum, euren Eltern nach; so wird es euch gewiss wohl gehen, und ihr werdet selige Menschen sein und bleiben. O wie werden wir uns dermaleins droben beim Heiland miteinander freun.

Den 19. Oktober kam er mit seiner lieben Frau zur fernern Bedienung des Gemeinleins in Marienborn, wieder daselbst an, und arbeitete nebst treuer Bedienung des Gemeinleins, an der Missions-Geschichte. Da endlich das Schloss Marienborn von den Brüdern geräumt, und an die neuen Pächter übergeben wurde, so reiste er mit seiner lieben Frau und ältestem Sohn und noch 19 Geschwistern nach Neuwied, wo sie den 27. März 1773 ankamen. Hier arbeitete er an seiner Missions-Geschichte, und dienete auch der dasigen Brüdergemeine auf mancherlei Art. Im Oktober des Jahres 1776 wurde er mit der Missions-Geschichte nach vielen Hinderungen fertig. Er schreibt in seinem Tagebuch: Große Freud mit Lob und Dank, Gott allein die Ehr! Diese seine mit vielem Fleiß bearbeitete schöne Geschichte, wurde in dem folgenden Jahr zum Druck befördert, und wird auch noch nach seinem seligen Heimgang zum Herrn, wie schon geschehen, vielen Menschen, die sie lesen werden, zum Segen und zur Erbauung gereichen.

Im September des Jahres 1777 erhielt er mit seiner lieben Frau den Auftrag zur Bedienung des evangelischen Brüder-Gemeinleins in Amsterdam, woselbst er den 24ten ankam, und unter einem besonderen Gefühl der Gnadengegenwart Jesu, dem Gemeinlein durch unsern seligen Bruder Heinrich von Bruiningk als Prediger und Arbeiter vorgestellt wurde. Bei diesem seinem Amte besorgte er zugleich die Angelegenheiten der Mission in Suriname mit vieler Pünktlichkeit und Treue.

Besondere Unterstützungen und Tröstungen des Heilands erfuhr er zu Anfang des Jahres 1779 in verschiedenen kummervollen Umständen, und erhielt im Monat Juni einen Ruf zum Gemein-Diener und mit seiner lieben Frau zum Mithelfer im Ehechor der Gemeine in Kleinwelka, welchen er im Vertrauen auf die gnädige Durchhilfe des Heilands annahm, und den 18. November nach einer sehr beschwerlichen Reise daselbst ankam, und sein Amt mit dem Segen der Gemeine antrat. Hier diente er unter einem gnädigen Bekenntnis des Heilands zu seinem Dienst der Gemeine überhaupt, und dem Ehechor ins besondere bis zum Anfang des Jahres 1781, da er den 6. Februar zum Prediger der Gemeine in Gnadau berufen wurde, und den 18. Mai daselbst ankam, und in der Abendversammlung der Gemeine von Bruder Joseph vorgestellet wurde. Hier hatte er die Gnade, dass am 17. Juni der neue Gemeinsaal unter einem mächtigen Gefühl der Gnadengegenwart Gottes, durch Bruder Joseph eingeweihet wurde.

Den 23. Oktober 1782 erhielt er von dem damaligen Synodo den Ruf zum Gemeinhelfer- und Diener-Amt, und mit seiner lieben Frau zum Ehechor Helfer-Amt der Brüdergemeine in Barby. Sie zogen den 20. November dahin, wurden vom Br. Johannes der Gemeine vorgestellt und von derselben gesegnet.

Den 25. Mai des folgenden Jahres 1783 wurde unser lieber seliger Bruder zu einem Presbyter der Brüder- Kirche ordiniert. Er diente der Gemeine in Barby bei manchem drückenden Kummer, unter einem gnädigen Bekenntnis des Heilands zu seiner vielfältigen Arbeit und dabei bewiesenen Treue bis zum 2. August, da er auf erhaltenen Ruf zum Prediger unsrer hiesigen lieben Gemeine, von da mit seiner lieben Frau abreiste, und über Herrnhut und Niesky, wo sie ihre lieben Kinder besuchten, den 30. gesund und wohl ankamen, und mit vieler Liebe von der Gemeine aufgenommen und gesegnet wurden.

Ein Freuden- und Denktag war ihm der 12. März 1785, an welchem er mit der Gemeine für die glückliche Ankunft unsers lieben gnädigen Landesherrn in einer von ihm verfertigten Cantate, Gott lobete und preisete, und ihm Jesu Christo, den König aller Könige und Herrn aller Herren, zu einer glücklichen Regierung empfahl.

Und was er mit der Gemeine gebetet, hat Gott bisher in Gnaden getan.

Im April des vorigen Jahres übernahm er mit seiner lieben Frau auch die special Bedienung des Ehechors. Mit welcher Treue und Legitimation unser lieber seliger Bruder hier der Gemeine gedienet, und wie sich unser lieber Herr und Heiland zu allem seinem Dienst, und besonders auch zu seinen Vorträgen sowohl in den Chor-, als in den Gemein-Versammlungen und öffentlichen Predigten bekannt, und sein Wort, das Wort von der Versöhnung, das er rein und lauter verkündiget, und nach dem Sinne Christi angewendet hat, als eine Kraft Gottes selig zu machen, gesegnet, davon werden die, so ihn gehöret, Zeugnis geben; und es wäre überflüssig davon etwas mehreres zu melden.

Das Haupt-Thema aller seiner Predigten und Reden, seiner Lieder und Poesien ist: Christus ist gestorben für uns, und hat uns ein Vorbild gelassen, dass wir sollen nachfolgen seinen Fußtapfen. Letzteres in Schwachheit zu befolgen war sein großes Anliegen, und dieses ist nicht nur in der Gemeine, sondern auch außer derselben bekannt.

Er war von wenig Worten, aber freundlich und herablassend gegen jedermann, der ihn besuchte; betrübte nicht gern von Herzen; vergab aber doch dabei nichts der Ehre seines Herrn, dem er diente, und hielt nicht zurück, von was er glaubte, dass es zur Besserung gereichen könnte. Wenn etwas ihn Kränkendes vorkam, machte er es am liebsten mit dem Freunde seiner Seelen, an dem sein Herz hing, ab; vergab gerne, wie Christus ihm vergeben hatte.

Dieser schöne, durch den Geist Gottes gebildete Charakter zog ihn die Liebe und Hochachtung nicht allein der Glieder der Gemeine, sondern auch anderer Bekannten und Freunde, ja der hiesigen gnädigen Herrschaft, bei der er in besonderer Achtung stand, zu. Ein Beweis davon und von der gnädigen Zuneigung zu der Gemeine ist, dass hochderselbe nicht allein gegenwärtiger Versammlung beizuwohnen, sondern auch unsers lieben seligen Bruders entseelte Gebeine zu ihrer Ruhestätte zu begleiten geruhen wollen, dafür, wie für alle dem Seligen, ja der ganzen Gemeine erzeigte Gnade und Huld erlaubet sein wird, hier den pflichtmäßigen Dank im Namen der Gemeine und besonders auch der hinterlassenen Witwe abzustatten.

Außer seiner Missions-Geschichte hat er viele erbauliche Poesien, Lieder und andre Abhandlungen geschrieben, die ohne Beisetzung seines Namens gedruckt und von Freunden und Kindern Gottes mit Erbauung gelesen werden, dadurch er die Ehre Jesu, des Welt-Erlösers, und das Wohl seiner Miterlöseten, auch nach seiner seligen Vollendung befördern wird.

Er war ein nach dem Sinn Christi, den er uns durch seinen Geist in seinem Wort geoffenbaret hat, zärtlich liebender Ehemann; ein treuer Vater seiner Kinder, deren Wohlsein ihm, wie die angezeigte Ermunterung an dieselben zeiget, gar sehr am Herzen lag, liebte seine Hausgenossen, war für ihre Dienste dankbar und suchte denselben so viel möglich zu erleichtern.

Ohngeachtet er manche Beschwerden auf Reisen zu Land und Seewegen, Krankheiten und Gemüts-Kummer erlitten, so genoss er doch im Ganzen eine gute dauerhafte Gesundheit, bis in den Juni vorigen Jahres, da er mehr wie gewöhnlich anfing zu kranken. Doch verrichtete er alle seine Amts-Geschäfte mit der gewöhnlichen Treue bis in den November, da er sich endlich ganz inne halten, und seine Geschäfte andern überlassen musste, tat aber zu Hause so viel er konnte, und hat sogar sein gewöhnlich Tagebuch bis auf den letzten Tag seines zeitlichen Lebens fortgesetzt.

Aller angewandten Mittel und treuen Pflege besonders von seiner lieben Frau ohngeachtet, kam es zu keiner bleibenden Besserung. Die Kräfte nahmen von Tag zu Tage ab, und es schien endlich zu einer Wassersucht auszuschlagen. Er bewies in dieser seiner schweren Krankheit eine große Geduld, und war dem Willen seines Herrn und Heilandes zum Leben oder Sterben ganz ergeben.

Aus dem, was man von seiner schweren Krankheit nach seinem seligen Verscheiden erfahren, sahe man gar deutlich, dass er mehr gelitten, als er selbst zu erkennen gegeben, und allein von der Kraft Jesu und Tröstung seines Geistes kräftig unterstützet worden ist. Den letzten Tag, welches sein 67ter Geburtstag war, machte er einen kurzen, aber sehr liebreichen Abschied mit seiner lieben Frau, dankte ihr für ihre Liebe und treue Pflege, besonders in seiner letzten Krankheit; trug ihr auf seine lieben Söhne, wenn sie zu ihnen käme, in seinem Namen väterlich zu grüßen und zu küssen; bezeugte, dass er kein Missvergnügen gegen irgend einen habe, und über alles mit seinem Herrn und Heiland verstanden sei.

Die übrigen Stunden verbrachte er schlummernd und auf seinen Herrn wartend, der den 9ten früh nach 2 Uhr diesen seinen

Diener in Frieden fahren ließ, und ihm das Ende seines Glaubens der Seelen Seligkeit schenkte.

Er ruhet in Frieden, seine Werke folgen Ihm nach. Den angeführten Aufsatz von seinem Wallen durch diese Zeit hat er mit folgendem Verse beschlossen, daraus seine damalige und bis an sein Ende gebliebene Herzensstellung deutlich erhellet.

Was ist nun noch zu sagen
von den durchwallten Tagen
der Pilgerschaft nach Haus.
Es kommet bei dem Schlusse
nach vielem Heilsgenusse,
ein armer Sünder nur heraus.

Mit inn'gem Herzens Tränen
nach Jesu Huld sich sehnen,
mit seinem Gnadenblick
das Sühnungs-Blut empfangen,
als Sünder darin prangen,
das ist das erst und letzte Glück.

So sind für hier beschlossen
nachdem man g'nung genossen,
und alle Schuld und Schmach,
und Unterlassungs-Sünden
im Blut des Lamms verschwinden,
dann geht's dem Lamm ins ew'ge nach.

Seine Wallfahrt hat gewähret 66 Jahr und einige Stunden.

5. Jacob Ludwig Gebhardt   (1752-1793)

Personalia des am 17. Dez. 1793 selig entschlafenen verheirateten Bruders, Doctor, Gemein-Medicus und Chirurgus in Ebersdorf.

Weil der selige Bruder keinen eigentlichen Aufsatz von seinem Gnadengang durch diese Zeit hinterlassen, so können wir nur folgendes anführen, welches man unter seinen Schriften gefunden.

Er erblickte das Licht dieser Welt in Marienborn den 22. Aug. 1752 in dem Schoß der Brüdergemeine, und da sein noch lebender Herr Vater Heinrich Phillip Ludwig Gebhardt und seine Mutter Anna Dorothea, geb. Betzold bald nach seiner Geburt einen Ruf als Gemein-Medicus, Chirurgus und Apotheker hierher nach Ebersdorf bekamen, so musste er schon als ein kleines kränkliches Kind von 6 Wochen pilgern und kam mit seinen Eltern am 6. Oktober selbigen Jahres hier an.

In seinem 4. Jahr gaben ihn seine Eltern zur Erziehung in die hiesige Knabenanstalt, allwo er den guten Unterricht in Lesen, Schreiben, Rechnen und Zeichnen, als auch in der Latein-Sprache und in denen Heils-Wahrheiten von den damaligen Lehrern genossen und darinnen gute Fortschritte machte, so dass man hoffen konnte, dass er einmal recht brauchbar in der Gemeine werden würde. Anno 1766 den 26. Dezember gelangte er zur Aufnahme und am 7. November des folgenden Jahres zum erstmaligen Genuss des Heiligen Abendmahles mit der Gemeine. In seinem 12. Jahr kriegte er schon große Lust zur Chirurgie, las auch gerne dergleichen Bücher und übersetzte den größten Teil der Störckischen Lateinischen Abhandlung von der Cicuta[4] mit

---

[4]   Anton Störcks berühmten Medici in Wien und des dasigen bürgerl. Pazmarianischen Spitals ordentl. Physici, Abhandlung von dem Schierling oder Cicuta , 1760

Nutzen und Vergnügen unter der Aufsicht des seligen Professors Hagen[5], der ihn mit vielem Fleiß in der Lateinischen wie auch Griechischen und auch Französischen Sprache unterrichtete. Um diese Zeit fing er auch an, seinen Vater in der Apotheke an die Hand zu gehen und bezeigte immer mehr Neigung zu der edlen Wundarzneikunst, worauf er zu deren Erlernung nach Herrnhut zu dem gründlichen und geschickten Chyrurgo Br. Rotter kam und bei demselben den besten praktischen Unterricht in der Chirurgie und Arznei-Wissenschaft genossen und in den 7 Jahren vieles von ihm profitierte, so dass er von der ihm eigenen Behutsamkeit und Menschenliebe einen unvergesslichen dankbaren Eindruck behielt. Im Jahr 1773 kam er von Herrnhut wieder hierher zu seinem Vater, und um Spätjahr 1774 mit Billigung der Ältestenkonferenz zu dem berühmten Operateur Dr. Johann Rudolph Burckhardt nach Zürich als Amanuensis[6]. Hier genoss er häufigen theoretischen und praktischen Unterricht, anatomische, chirurgische und Bandagen-Collegia, und kriegte von gedachten Dr. Burckhardt nach fast 2jährigen Aufenthalt in Zürich das schöne Zeugnis guter Conduite[7] und dass er mit vielem Eifer und Fleiß auf dasigem Theatro Anatomico dem Cursum zweimal beigewohnt, und bei den berühmten Doctoren Hirzel und Rahn Collegia patholog. physiolog. und Materia Medica hörte und dass man ihn im Hospital und übrigen Krankenhäusern mit Nutzen gebraucht habe. Im Jahr 1776 reiste er von Zürich hieher zurück und in folgenden Jahren ging er auf Empfehlung und Unterstützung des Hochgräflichen 24. Herrn

---

[5] Gottlieb Friedrich Hagen (1710 - 1769), studierte zu Bayreuth, Jena und Halle, wo er 1731 Magister der Philosophie und Adjunkt der philosophischen Fakultät wurde; danach hielt er sich eine zeitlang zu Gießen wegen des Philosophen Christian Wolff auf. 1737 wurde er Prof. der Philosophie am Gymnasium zu Bayreuth, legte dieses Amt aber 1742 nieder und privatisierte in Hof, hernach zu Ebersdorf. Er gab Wolffs gesammelte kleine philosophische Schriften auf deutsch heraus.
[6] Sekretär
[7] Benehmen

nach Dresden um im Accouchements[8] noch mehrers zu profitieren. Anno 1778 ließ es ihn der liebe Heiland gelingen, an dem Br. David Zeisberger in Herrnhut eine wunderwürdige glückliche Operation zum Erstaunen der berühmtesten Operateurs in Berlin und Dresden vorzunehmen, die er aber der gnädigen Hülfe des Herrn und dem Gebet der Gemeine zuschrieb. Anno 1779 übernahm er von seinem Vater die hiesige Apotheke und praktizierte sowohl im Chirurgischen als Medicinischen Fach, verrichtete auch in hiesiger Gegend manche wichtige Operationen an Personen hohen und niedren Standes. Den 8. Juni 1780 trat er mit der damaligen ledigen Schwester Regina Catharina Neuhausser in die Heilige Ehe, und im folgenden Jahr, den 10. März promovierte er unter dem damaligen Prorektor Christian Ludwig v. Schellwitz und dem Dr. und Prof. Justus Christian Loder in Jena und bekam das Diplom als Doct. Medic. In der Folge gab er die Apotheke wieder an seinen lieben Vater zur Besorgung für Rechnung der Gemeine ab, und wurde von unsrer Gnädigen Herrschaft zum Hof- und Leib-Chirurg und vom Fürsten zu Greiz zum Amts-Chirurg auf der Burg[9] ernannt, und diente sowohl an diesen Orten als in der Gemeine nach seinem Vermögen.

Mit seiner lieben Frau, der nunmehrigen Witwe führte er eine vergnügte und mit 6 Kindern gesegnete Ehe, davon noch 5 am Leben und eines ihm schon in die selige Ewigkeit vorangegangen. Sie hatten aber in ihrer fast 14jährigen Ehe nicht immer Jubel-Zeiten, sondern erfuhren manche harte Proben und beiderseits viele schwere Krankheiten, so dass es ein Wunder ist, dass sie der Herr so lange beisammen erhalten hat. Am 2. Dez. 1783 wurde er zu Acoluthie angenommen, und kraft seines Amtes als Gemein Medicus ein Mitglied der Großen Helferconferenz. Die Wahl der Gnaden zur Brüdergemeine zugehören und Gott in Christo zu kennen, an Jesu Wunden zu glauben und als ein

---

[8] Geburtshilfe
[9] Schloss Burgk

Sünder Teil an dem dadurch erworbnen Heil zu haben, war und wurde ihm besondern in den letzten Jahren immer anbetungswürdiger, und eine Gnade, die ihn im Staub beugte – und wenn er mit klaren einfältigen Glaubensaugen hineinblickte, sein Herz froh und selig machte. Es kamen aber auch in seinem Lauf manche Abwechselungen vor, er geriet in Gleichgültigkeit und nachmals in Zuchttrockenheit, und verlor auf einige Zeit das Zutrauen zum lieben Heiland, aber der gnädige und barmherzige Herr ließ ihn nicht aus den Augen und wusste ihn durch den Anblick seiner Gnade zum Sünder zu machen und seinem Herzen Trost, Freude und neue Gnade zuzusprechen. Man findet in einigen Liedern, die er in seinen Jugendjahren gemacht, wie kräftig ihn der Heiland auf das Einig Notwendige gebracht, und wie er sich und andere zu dem Sinn, dem zu leben und zu dienen, der uns mit Todes Schmerzen erworben, ermuntert hat. So bezeugt auch ein Lied oder Gebet, das er zu ihrem Trauungstag gemacht, wie es ihn gar sehr anlag, dass sich der liebe Heiland zu ihrem Ehegang bekennen und ihre Kinder gedeihen lassen möge.

Sein lieber Vater fügte noch folgendes von ihm an: dass er schon in der zartesten Kindheit öfters starke Krämpfe und Stechen auf der Brust gehabt, welches sich nach und nach verlor. Die gewöhnlichen Kinder Krankheiten hat er glücklich überstanden. In seinen Knaben Jahren war er ziemlich gesund, außer da er in seinen Lehrjahren in Herrnhut seine selige Großmutter Betzold zu Grabe begleitete, befiel ihn an der Seite seines Großvaters eine Art von leichtem Schlagfluss, welcher ihn auf kurze Zeit eine Lähmung der einen Seite verursachte, aber bald wieder hergestellt wurde. In Zürich bekam er oftmals starke Anfälle von Stechen, und sein Patron meldete einstmals, dass er kaum mit dem Leben davon kommen würde. Nach der glücklichen Operation an Br. Zeisberger wurde er auch in Herrnhut sehr krank und gleich in dem ersten Jahr seines Ehestandes schien er seinem Ende nahe zu sein. Durch diese häufigen Anfälle wurde seine Brust sehr geschwächt und es wurde ihm sauer, wenn er Treppensteigen und seine Kranken besuchen musste. Im Jahr 1790 gab er die in Lobenstein gedruckten Allgemeinen Gesundheits-Regeln heraus und erst in diesem Jahr eine in Leipzig gedruckte Schrift: Von dem Gebrauch der Spanischen Fliegen oder Blasenpflaster.

Zu Anfang dieses Jahres ahnte es ihn schon, dass es sein letztes in dieser Zeit sein würde, indem seine Krankheit sich immer vermehrte. Er dachte in der Stille seinen Lebenslauf durch und redete auch manchmal recht sünderhaft mit seinem Chorhelfer darüber aus, und bezeugte wie er bei aller Armut und Sündigkeit einen freien und kindlichen Zutritt zum Heiland habe und Seine Tröstungen fühle. Im Frühjahr unternahm er zu seiner Erholung eine Reise nach Bamberg in Gesellschaft zweier Brüder und war willens solche bis Erlangen fortzusetzen, um alsda seine Freunde, die Herren Professores Schreber und Wendt zu konsultieren, er wurde aber in Bamberg so schwach, dass er zurück eilte. An seinem letzten Geburtstag nahm er die Gratulationen mit wehmütigen Herzen und nassen Augen an. Anfangs September verfügte er sich mit seiner lieben Frau nach Jena um seinen werten Freund Herrn Hofrat Starcke zu konsultieren, allein die ihm verordneten Mittel wollten seine Krankheit nicht heben. Er musste sich von der Zeit an, weil seine Füße sehr dicke wurden und es sich zu einer völligen Wassersucht anließ, innen aufhalten, und war allemal sehr erfreut und dankbar, wenn er von Geschwistern besucht wurde. Seine liebe Frau pflegte ihn in diesen Umständen Tag und Nacht mit vieler Treue und oft über ihre Kräfte, es wurde alles Mögliche versucht, ihm Erleichterung in den Schmerzen zu verschaffen. Am 11. Dez. gegen Abend ging eine merkliche Veränderung mit ihm vor, er redete mit seiner lieben Frau über alles herzgefühlig aus, dankte ihr für alle Liebe und Treue, bestellte sein Haus, gedachte auch recht väterlich an seine beiden in der Anstalt von Kleinwelke befindlichen Söhnlein, mit der Bitte, dass sie für den lieben Heiland gedeihen mögen, in der guten Zuversicht, dass der liebe Vater im Himmel auch sie versorgen würde. Seiner ältesten Tochter Henriette gab er die besten väterlichen Ermahnungen, die ihr gewiss auch im Andenken bleiben und Frucht bringen werden.

Seinem lieben alten Vater und Schwiegereltern dankte er auch für alle ihn erzeigte Wohltaten, Lieb und Treue und bat um Vergebung alles dessen, womit er sie betrübt hatte. Am 13. ließ er seine Classe grüßen und sich ihrem Gebet empfehlen, dass ihn der Trost aus Jesu Tod nicht entfalle. Am 14. genoss er mit hungrig und durstiger Seele das Kranken-Abendmahl in Gemeinschaft mit seiner lieben Frau und Vater.

Am 16. morgens verlangte er den Segen des Herrn zu seiner Heimfahrt, welcher ihm auch unter einem unbeschreiblichen Gefühl der Nähe Jesus Christi erteilt wurde. Als nachher unter anderem nach der Versammlung „Erscheine ihm zum Schilde" gesungen wurde, drückte er im Geiste seinen Heiland an sein Herze und stimmte in den Anfang mit ein, und so verbrachte er den Tag bis nach Mitternacht in sehnlicher Erwartung nach seiner Auflösung, bis es dem Herrn gefiel am 17. in der 2. Stunde ihn sanfte und selig zu vollenden, da er in Jesu Arm und Schoß einschlummerte in einem Alter von 41 Jahren und beinahe 4 Monaten.

Halleluja, dem der ihn hat vollendet!
Er sei nun auch, bis unser Lauf sich endet,
uns jeden Tag mit Gnad und Friede nah,
Und mach uns Seine Zukunft stets gewärtig,
dass wir zu unsrem Abruf alle Stunden fertig.
froh sein, wenn heißt: Der Herr ist da! Halleluja!

6. Beata Eleonora Adam   (1730-1807)

Unsere selige Schwester Beata Eleonora Adam, geb. Pletscher, hat folgendes von ihrem Gange durch diese Zeit aufschreiben lassen:

Ich ward geboren im Jahr 1730 am 22. Nov. hier in Ebersdorf. Meine lieben Eltern, welche zu der alten Ebersdorfischen Gemeine gehörten, gaben mir eine sehr sorgfältige Erziehung, ließen mich die Kinderversammlungen im damaligen Waisenhause allhier fleißig besuchen und benutzten jede Gelegenheit, mich frühzeitig mit dem Heilande bekannt zu machen. Der treue Kinderfreund bewies sich dann auch kräftig an meinem Herzen und schenkte mir den Eindruck von Seiner Liebe, woran ich mich noch jetzt in meinem Alter mit Dank und Rührung erinnern kann. Da mir der öftere Besuch im Waisenhause sehr angenehm war, so wünschte ich ganz in dasselbe aufgenommen zu werden, welches dann in der Folge durch Vermittlung der Comtesse Eleonore, Schwester des Hochseligen Grafen Heinrich XXIX., die meine Taufpatin war, in meinem 9. Jahre wirklich geschah. Hier verbrachte ich nun meine noch übrigen Kinderjahre unter nützlicher Beschäftigung und unter treuer Anleitung zur wahren und lebendigen Erkenntnis Jesu Christi. Besonders sind mir die schönen Vorträge der aus der älteren Ebersdorfischen Zeit wohlbekannten lieben Gottesmänner, nämlich des Magister Steinhofer und des Hofpredigers Gottfried Clemens in unvergesslichem und gesegnetem Andenken geblieben. Am 30. Mai 1746 wurde ich mit mehreren anderen Mädchen von Br. Gottfried Clemens auf dem Versammlungssaale der Gemeine im herrschaftlichen Schlosse zum heiligen Abendmahle konfirmiert. Sowohl bei dem vorhergegangenen Unterrichte, als auch bei der Konfirmations-Handlung und dem darauf folgenden Genusse des Heiligen Abendmahls fühlte ich die kräftigsten Gnadenzüge des Geistes Gottes, und erhielt die Versicherung in meinem Herzen, dass ich bei alle meinem Elend und Sündigkeit, durch Jesu Eigentum und Kreuzesbeute sei. In diesem Jahr kam dann auch die Vereinigung der Ebersdorfischen Gemeine mit der Brüdergemeine zu Stande, die auch für mich bis diese Stunde segensreiche Folgen gehabt hat.

Zwar gingen jetzt manche Veränderungen im Äußern mit mir vor, die mir anfangs schwer schienen, do da der treue Heiland mein Herz auf sich und auf den Genuss Seines Heils immer mehr richtete, so konnte ich alle Schwierigkeiten überwinden, und an Seiner Hand meinen Gang getrost fortgehen.

Im Jahr 1750 am 4. May wurde ich in das Chor der ledigen Schwestern aufgenommen, welches mir eine Veranlassung wurde, meinen Beruf und Erwählung durch Jesu Gnade immer fester machen zu lassen. Ich hatte zwar bisher manche Gnade vom Heilande genossen und viele selige Zeiten gehabt. Jetzt aber trug es der werte Heilige Geist auf eine noch gründlichere Selbsterkenntnis bei mir an. Er zeigte mir mein Grundverderben, meinen Unglauben und meine Entfremdung von dem Leben aus Gott, verbunden mit der Lust und Neigung zu allem Bösen. Dieses Gefühl meiner Verwerflichkeit trieb mich nun aber auch zu meinem Erbarmer und Seelenfreunde hin, ich warf mich ihm zu Füßen, und flehte ihn unter vielen Tränen um die Versicherung meines Anteils an Seiner Versöhnung, um die Vergebung meiner Sünden und um den Trost aus seinem Tode an. Und nie werde ich es vergessen, wie mir ward, da ich Ihn mit den Augen meines Glaubens als meinen Versöhner in Seiner Leidensgestalt am Kreuz erblickte, mit der Versicherung, dass Er auch mir ewiges Heil erworben habe. Ich lag in tiefer Todesnacht, da wurd Er meine Sonne, die Sonne, die mir zugebracht Licht, Leben, Freud und Wonne. Im Jahr 1751 am 12. Oktober bezog ich mit den übrigen ledigen Schwestern, die bis dahin teils in ehemaligen Comtessen- jetzt Nitschmannischen Hause, teils im jetzigen Gemein-Logis gewohnt hatten, das neuerbaute Chorhaus. Auch hier genoss ich sowohl im Innern als Äußern sehr viel Gutes, und verbrachte meine Zeit vergnügt. Ganz besonders merkwürdig blieb mir aber die Periode von mehreren Jahren, in welchen so viele meiner Chorgespielen ihren Lauf so selig vollendeten. Wie oft habe ich gewünscht, mich auch mit unter ihrer Zahl zu befinden.

Allein mein lieber Heiland bestimmt mir eine noch längere Laufbahn hienieden. Ich wurde im Jahr 1763 am 18. Januar mit dem ledigen Bruder Johann Leonhard Adam, der mehrere Jahre lang der Weberei im Brüderhause als Meister vorgestanden hatte, zur heiligen Ehe verbunden, welche Gott mit 4 Kindern gesegnet hat, von denen mir bereits 2 in ihrer Kindheit, und ein Tochter als erwachsen, in die Ewigkeit vorangegangen sind, mein ältester Sohn aber sich in hiesiger Gemeine befindet. Mein lieber Mann und ich machten in unserem 10jährigen Ehestande gar manche Erfahrung von Not und Elend, besonders in der großen Teuerung und Nahrlosigkeit im Anfange der 70er Jahre, erfuhren aber auch die gnädige Durchhilfe unsers Herrn oft recht augenscheinlich. Im Jahr 1773 am 16 Juni nahm der Heiland meinen lieben Mann sanft und selig zu sich, wodurch ich denn mit drei noch unerzogenen Kindern, von denen das jüngste erst 8 Tage alt war, in den Witwenstand versetzt wurde. Unter diesen Umständen konnte ich nichts trösten als die Verheißung und Zusicherung unsres erbarmungsvollen Gottes und Heilandes, dass Er der Witwen Mann und der Waisen Vater sein wolle. Und so hat er sich auch in einem nun schon 34jährigen Witwenstande an mir und an meinen Kindern aus Gnaden bewiesen, wofür ich Ihm nicht genug danken kann.

Nachdem der Heiland mein halbjähriges Söhnlein zu sich in die ewige Wahrheit genommen, meine Tochter aber das Alter erreicht hatte, dass ich sie in die Mädchen-Anstalt abgeben konnte, auch mein ältester Sohn seit meines Mannes Heimgang im Brüderhause sich befand, so wurde ich, solange meine Gesundheit und Kräfte es verstatteten, zu mancherlei Dienst in den Familien, als zum Warten kleiner Kinder und zur Pflege kranker Schwestern gebraucht. Auch besorgte ich 12 Jahre lang die Geschäfte einer Saaldienerin und einer Hausdienerin in unserem Chore. In allen diesen Verrichtungen konnte ich mich, bei meiner eigenen Ohnmacht und Unzulänglichkeit des treuen Beistandes und der Durchhilfe meines guten Heilandes trösten und erfreuen. Beim Rückblick auf meinen Lebensgang bleibt mir nun nichts übrig, als Ihm meinem Herrn und Heiland den demütigsten Dank zu bringen, für alle Gnade und Barmherzigkeit, die Er von meiner Kindheit an bis in mein hohes Alter an mir bewiesen hat. Er war ja mein Licht und Stern, der mir bald ist aufgegangen, der umfangen meinen ganzen Lebenslauf. Er hat mich aus Gnaden zu sich gezogen und bisher bei sich und seinen Wunden erhalten. Mein Zurückbleiben im Laufe nach dem vorgesteckten Ziel, meine Fehler, Mängel und Gebrechen wolle Er mit Seinem Blute bedecken und mir mit Seiner Kraft bis zum letzten meiner Tage beistehen. Er erhalte mir Seinen Frieden und Seines Heils Genuss, solang ich noch hienieden in Schwachheit wallen muss, bis endlich Ihm zu Ehren, der mich mit Gott versöhnt, dort in den obern Chören mein Halleluja tönt. Wie wird ich, ach wie wird ich mich dort freuen, und kein vergossnes Tränlein wird mich reuen, das hier, wenn's hell und trübe Tage setzte, die Wangen netzte. Eins hat auch mich durchgebracht: Lämmlein! Das Du bist geschlacht. Soweit ihre eigene Erzählung.

Sonst ist von unserer seligen Schwester noch folgendes anzuführen:
Sie war eine sehr treue und sorgfältige Mutter für ihre Kinder, deren inneres uns äußeres Wohlergehen ihr von Herzen anlag, und für welche sie recht fleißig betete, dass sie doch ganz für Jesum gedeihen und Ihm treu bleiben möchten bis in den Tod. Schon seit 22 Jahren hatte sie fast jeden Herbst und Winter an Magenkrämpfen zu leiden, doch behielt sie ihre Munterkeit und Kräfte beinahe ganz bis in ihr 74. Jahr. Seit dieser Zeit aber nahm die Altersschwäche, verbunden mit ihren krampfhaften Anfällen immer mehr zu, daher sie sich denn öfters von Herzen nach der Ruhe sehnete. Im Herbste vorigen Jahres wurde sie aufs

neue von heftigen Magenkrämpfen befallen, welche eine gänzliche Entkräftung zur Folge hatten, so dass man schon zu Anfang dieses Jahres ihren Heimgang vermutete. Sie wurde daher mit aller Sorgfalt und Treue gepflegt, welches sie mit Dank gegen den Heiland und gegen ihre Schwestern erkannte. Durch den Gebrauch dienlicher Arzneimittel wurde sie aber soweit wieder hergestellt, dass sie, obwohl in großer Schwachheit, einige Geschäfte verrichten, und noch am ersten Pfingsttage die Frühversammlung auf dem Gemeinsaale besuchen konnte. Allein zu Anfang des Juni nahm ihre Entkräftung aufs Neue so zu, dass sie wenig mehr außer dem Bette sein konnte. Es stellte sich ein krampfhafter Husten und große Engbrüstigkeit bei ihr ein. Sie sah ihrem Ende mit sehnsuchtsvoller Erwartung entgegen, und bat den Heiland oft mit vielen Tränen, dass er doch bald kommen und sie von allem Übel erlösen möchte. Sie betete mehrmalen folgende Stellen aus einem alten Liede: „Mein Bräutigam und Fürst der Thronen! Was mach ich noch in dieser Zeit, ich sehn mich nach der Ewigkeit; Dort ist mein Bürgerrecht erkauft. Darauf hab ich Treue dir geschworen." Nun sie bisweilen ungeduldig werden wollte, so gab sie sich doch bald zufrieden, wenn man sie an die große Liebe des Heilandes, und an die vielen von ihm genossenen Mahlzeiten und Barmherzigkeiten erinnerte. Sie beschäftigte sich gern, wenn sie auf sein konnte, mit dem Lesen der Lieder im Brüdergesangbuch, die von der vollendeten Gemeine handeln, und empfand ein inniges Vergnügen dabei. Im Anfange das September bekam sie einen apoplektischen Zufall, wodurch sie aufs Neue sehr geschwächt, aber auch in der Hoffnung bestärkt wurde, bald das Ende aller Not erreicht zu haben. Am letzten Abendmahlstage machte sie einen rührenden Abschied mit ihrem einzigen Sohne, und erteilte demselben, auf seine Bitte, ihren letzten mütterlichen Segen. In der darauf folgenden Nacht war sie in ihrem Phantasieren viel mit den Wunden Jesu beschäftigt, und als man sie, da sie wieder zu sich gekommen war, daran erinnerte, so sagte sie: Es sei ihr in Beziehung auf Jesu Wunden der alte Vers ins Gemüt gekommen:

„Fünf Zeugen Deiner Gnaden, Fünf Gründe meines Heils, fünf Quellen für den Schaden, fünf Siegel meines Teils, fünf Hafen in den Stürmen, da lauf ich sicher ein, fünf Felsen zum Beschirmen, ich will das Täublein sein." Welche letzten Worte sie mit vieler Freude widerholte. In den folgenden Tagen wurde sie sichtbar schwächer und erwartete, getröstet durch den Frieden Jesu, sehnlich ihre letzte Stunde, welche dann am 9. Oktober früh gegen 7 Uhr eintrat, da ihre teuer erlöste Seele unter dem Gesang einiger Verse, und mit dem Segen der Gemeine und ihres Chores in Jesu Arm und Schoß überging. Ihr Alter hat sie gebracht auf 76 Jahre, 10 Monate und 17 Tage. Sie ist nun im Friede, und genießt das Ende ihres Glaubens, der Seelen Seligkeit.

7. Ernestine Eleonore Gräfin Reuß   (1706-1766)

Unsre selige Schwester Ernestine Eleonore, Gräfin Reuß, ward
den 30. Januar 1706 hier zu Ebersdorf im Schloss in diese Zeit
geboren. Ihr Herr Vater war der Hochgeborene Reichsgraf und
Herr Heinrich X. Reuß, und die Frau Mutter, Frau Erdmuth
Benigne, geb. Gräfin von Solms-Laubach, Tochter des Grafen
Johann Friedrich von Solms-Laubach.
Der Herr Vater war bereits im 6. Jahr der seligen Gräfin anno
1711 in die Ewigkeit gegangen.
Ebersdorf ist schon vor alten Zeiten ein Haus Gottes gewesen und
hat mit Kindern Gottes in Connexion[10] gestanden. Der daraus
entstehende Segen ruhte auch auf unsrer lieben Gräfin Eleonore.
Sie erzählte oft mit vielem Vergnügen, wie Ihre gnädige Mama so
gerne mit frommen Leuten umgegangen und vom seligen Abt
Steinmez, Prof. Francke und anderen Männern Gottes besucht
worden sei. Unter denenselben befand auch der unsrer Brüder-
Kirche unvergessliche, selige Herr Graf von Zinzendorf, der eine
besondere Inclination[11] zu der hochgräflichen Ebersdorfischen
Familie hatte, und sich anno 1722 mit der seligen Gräfin
Erdmuth Dorothee, nachmaliger treuer Säugamme der Brüder-
Kirche, aus dem Hause vermählte.
Diese Vermählung reizte unsre selige Gräfin Eleonore anno 1726
eine Reise nach Herrnhut zu tun, wo sie sich einige Zeit mit
Satisfaction[12] aufhielt, bis Sie von Ihrer gnädigen Mama
zurückgerufen wurde.
Als dieselbe aber im September 1732 das Zeitliche mit dem
Ewigen verwechselte, wurde unsre selige Gräfin aufs
empfindlichste getroffen, weil Sie als die jüngste Tochter ein
spezielles Objekt mütterlicher Liebe und Sorge gewesen war.
Hierauf nahmen sich dero Herr Bruder, des regierenden XXIX.

---

[10] Verbindung
[11] Zuneigung
[12] Zufriedenheit

Herrn Hochgräfliche Gnaden, Ihrer aufs sorgfältigste an und ernannte die Schwester Margaretha Sophia von Cummerstadt, welche anno 1735 hierher gekommen war, zu Ihrem Gesellschafts-Fräulein, da diese aber anno 1763 aus ihrer Hütte in ihres Herrn Freude ging, wurde ihre Stelle durch ihre leibliche Schwester Sophie Louise glücklich besetzt. Sowohl die erstere als auch letztere hatten sich zu einer eigenen Angelegenheit gemacht, ihrer incubenz[13] mit möglichstem Fleiß und Treue nachzukommen, und wurden zu ihrer Bedienung desto mehr encouragirt[14], weil sie von ihrer lieben Gräfin gutem Zutrauen und Gewogenheit überzeugende Beweise hatten.

Seit anno 1743 äußerte sich bei unsrer lieben seligen Schwester Ernestine Eleonore eine besondere Liebe zum Heiland und der Gemeine. Sie wohnte denen Versammlungen, die im Hochgräflichen Schlosse angestellt wurden, fleißig und zum Segen für Ihr Herz bei, hatte auch ein Verlangen, mit den ledigen Schwestern in nähere Gemeinschaft zu kommen. Daher resolvirte[15] Sie, sich ein eignes Haus zu bauen und eine Gesellschaft lediger Schwestern zu sich zu nehmen. Dieses kam zu Stande, und es wurde anno 1745 mit Freude bezogen. Es diente den ledigen Schwestern, welchen es noch an einer eigenen Wohnung fehlte, zu einem angenehmen Aufenthalt, bis sie anno 1751 ausziehen und unsern Witwen Platz machen konnten.[16] Sowohl das ledige Schwestern- als Witwenchor erinnern sich mit dem verbindlichsten Dank, dass die selige Gräfin die Gnade gehabt hat, sie in Ihrem Haus wohnen zu lassen.

Seit gedachtem Jahr bediente sie sich der Chorversammlungen der ledigen Schwestern, bis anno 1761 die Schwächlichkeit Ihrer Hütte dergestalt zunahm, dass Sie aufhören musste, sowohl die Chor- als die Gemein-Gelegenheiten[17] zu besuchen, daher Ihr

---

13 Schuldigkeit
14 ermuntert
15 beschloss
16 1751 wurde das Schwesternhaus – jetzt Emmaus – bezogen
17 Gelegenheiten – frühere Bezeichnung für die Versammlungen

auch der Anteil am Hochwürdigen Gut im Heiligen Sakrament monatlich angedient wurde, welche Gnade sie hoch und teuer schätzte.

Im Monat Mai a.c. überfiel sie eine außerordentliche Schwäche mit starkem Erbrechen. Sie konnte sich nicht nur nicht ganz erholen, sondern fühlte vielmehr, dass die Kräfte von Monat zu Monat abnahmen. In diesen Umständen war sie wie ein gutes Kind, und ließ nicht die geringste Ungeduld merken. Der liebe Heiland machte ihr die Krankheit erträglich und leicht, wie Er denn auch nach Seiner berühmten Gnade sein eigenes Geschäfte mit ihrer Seele mehr im Verborgenen hatte, als sie sich auszudrücken im Stande war.

Vorige Woche kam es soweit, dass sie sich ganz legen musste. Sagte man ihr etwas von der Möglichkeit, dass sie den Freund ihres Herzens bald zu sehen kriegen könnte, so gab sie mit einer lächelnden Miene ihre große Freude und Begierde abzuscheiden und bei Christo zu sein zu erkennen, welches den 22. dieses [Monats] auf die eindrücklichste Weise geschehen ist.

Den 23. früh in der 2. Stunde wurde auf einmal eine große Veränderung an ihr wahrgenommen. Sie blieb aber in Ihrer ungestörten Ruhe und wie in einem sanften Schlummer eingewiegt liegen ohne die geringste Bewegung, bis denselben Vormittag in der 10. Stunde ihr Odem stille stand und ihre Seele heimfuhr aus diesem Elende, nachdem sie den Segen ihres Chors und Gemeine empfangen und 60 Jahre, 9 Monate und 24 Tage ihre Hütte bewohnt hatte.

8. Ernst Gottlieb Kapp   (1788-1846)

Lebenslauf des am 25. Mai 1846 entschlafenen led. Bruders
Ernst Gottlieb Kapp

Da der selige Br. Kapp gar nichts über sein Leben aufgezeichnet
hat, und sich auch über seinen äußeren und inneren Gang gegen
andere wenig äußerte, so lässt sich auch jetzt bei seinem ganz
unvorhergesehenen und unvermutet schnellem Heimgang nur
sehr wenig über ihn sagen.
Er war geboren am 26. Januar 1788 in Neudietendorf als das 4.
Kind seiner Eltern Anna Regina, geborene Vergsin und Johann
Heinrich Kapp, welcher Schneider daselbst war. Nach dem
Austritt aus der Schule in Neudietendorf kam er hierher nach
Ebersdorf, wo er in der Brüderhaus-Färberei unter Leitung des
Br. Hofmann in die Lehre trat und es – wie er öfter äußerte –
ziemlich schwer hatte. Während seiner Lehrzeit wurde er am 14.
Februar 1802 in die Gemeine aufgenommen und gelangte am 11.
Dezember desselben Jahres zum erstmaligen Genuss des heiligen
Abendmahls. Es verblieb auch nachdem er ausgelernt hatte und
im Jahr 1806 in das ledige Brüderchor eingetreten war in
obengenanntem Geschäft, bis dasselbe aufgehoben wurde, wo er
dann in die Blaufärberei eintrat.
Als im Jahr 1816 auch dieses Geschäft einging, wurde er bei der
Ökonomie und im Garten des Brüderhauses beschäftigt, eine
Beschäftigung die aber seinen Neigungen nicht zusagte und ihm
auch bei seiner von Jugend auf schwächlichen Lungen sehr
schwer fiel. Eine Zeitlang verbrachte er fast ganz arbeitslos, und
war schon im Begriff, sich in Arnstadt, woselbst sein älterer
Bruder ansässig war, nach Beschäftigung auf seiner Profession
umzusehen, was jedoch durch eine unerwartete Veränderung in
den Verhältnissen seines Bruders vereitelt wurde. Dagegen fing er
nun hier, im Jahr 1820 an die Färberei auf eigene Rechnung zu
betreiben. Doch ging sein Geschäft nur schwach, und er ließ
durch eine vorherrschende Neigung zu mechanischen Arbeiten

von einer erfolgreichen Betreibung desselben vielfach abhalten. Im Jahr 1834 gab er seine Profession ganz auf, bezog eine Stube im Brüderhaus und beschäftigte sich mit Anstreichen, Verfertigung chemischer Feuerzeuge und mancherlei anderen mechanischen Arbeiten. Dies alles nährte ihn jedoch nur sehr kümmerlich – zumal er sich durch manche Liebhabereien öfters für längere Zeit ganz vom Broterwerb abhalten ließ, da er aber sehr wenig Bedürfnisse hatte und überhaupt sehr genügsamer Art war, hat er niemals wirklich Not gelitten. Indes mögen die mancherlei Entbehrungen, die er sich selbst auferlegte, und eine große Unregelmäßigkeit in seiner Lebensweise – von der er sich durch alles Zureden nicht abbringen ließ, viel dazu beigetragen haben die Gesundheit seines ohnehin schwächlichen Körpers zu untergraben. Nachdem er schon mehrere Jahre an Unterleibsbeschwerden gelitten, nahmen diese im Laufe des vorigen Jahres so zu, dass er im Herbst ärztliche Hilfe suchen musste. Die angewendeten Mittel hatten guten Erfolg und er fühlte sich den ganzen Winter hindurch eigentlich besser und wohler, wenn er auch manchmal über Schwäche klagte. In den letzten Wochen litt er an einem heftigen Schnupfen, der ihn jedoch nicht verhinderte auszugehen und mehrere Sonntag Nachmittage einen kleinen Spaziergang zu machen. Am Montag, dem 25. Mai muss er sich jedoch unwohler gefühlt haben, wenigstens schloss er sich nachmittags, nachdem er sich um 9 Uhr noch Wasser geholt hatte, in seiner Stube ein und von da an hat ihn niemand mehr lebend gesehen. Seine näheren Bekannten und Nachbarn waren den Tag über mehrmals an seiner Tür, fanden dieselbe aber immer geschlossen. Da dies aber schon öfters vorgekommen war, und er es in solchen Fällen sehr ungern sah, dass man ihn störte, und da man auch gar keine Ursache hatte einen ernsteren Krankheitsanfall bei ihm vorauszusetzen, so machte man sich auch deshalb keine ängstliche Sorgen. Als es jedoch auch am Abend nicht zum Vorschein kam und gar nichts von sich hören ließ, so stiegen in der 10. Stunde einige Brüder auf einer Leiter an seine Fenster, und – da sie von dort aus nichts von ihm sehen konnten, durch die schnell ausgehobenen Fliegenfenster, in die Stube selbst hinein. Da fand man ihn dann, grade ausgestreckt, das Gesicht nach unten auf der Diele liegend, ohne alle Lebenszeichen. Ein Schlaganfall, vermutlich ein Schleimschlag – hatte ihn getroffen und seinem Leben ein wahrscheinlich schnelles Ende gemacht. Der augenblicklich herbeigerufene Arzt versicherte, dass nichts mehr zu tun sei und wohl auch bei früherer Entdeckung nicht mehr zu helfen gewesen sein würde.

Tief erschütternd war für alle hinzugekommenen und auf die Nachricht hin, schnell herbeieilenden der Anblick des so ganz unvermutet Vollendeten, und der dabei sich aufdrängende Gedanke, wie schnell und ihm selbst unerwartet der Tod ihn überwältigt haben musste! Da jedoch von mehreren Personen versichert wird, dass er in den letzten Tagen sich gegen sie geäußert habe, wie es nach seinem Heimgange gehalten werden solle, so kann man wohl annehmen, dass er sich in der letzten Zeit mit dem Gedanken an sein Ende mehr als früher beschäftigt haben muss, und sich der Hoffnung hingeben, dass dabei der Herr mit seiner Gnade bemüht gewesen ist, ihn auf dasselbe auch so vorzubereiten, dass er in ihm entschlafen konnte.

Mündliche Äußerungen darüber hat er nicht getan, aber in seiner Losung fand sich ein von seiner Hand geschriebener Zettel mit den Worten:

O wie werd ich mich dann freuen
Bei Jesu meinem Herrn zu sein
Wo alle Not der Erden mein
Verwandelt ist in ewge Herrlichkeit.

Seinem Charakter nach war der Selige sehr gutmütig und zeigte sich stets dienstfertig und gefällig. Er machte sich im Brüderhause durch mancherlei Dienstleistungen nützlich und hatte im vorigen Jahr auch eine Zeitlang die Nachtwache im Ort mit vieler Treue besorgt.

Sein Alter hat er gebracht auf 58 Jahr und 4 Monate weniger 1 Tag.

9. Elfriede Charlotte Beer   (1904-1988)

Lebenslauf von Schwester Elfriede Beer
Am 25. Juli 1904 wurde ich als drittes Kind von fünf
Geschwistern in Rosenbach, Kreis Frankenstein/Schlesien, am
Rande des Eulengebirges, geboren. Meine Eltern waren der
Kantor und Lehrer Paul Beer und seine Ehefrau Anna geborene
Hoffmann. Vom 6. bis zum 14. Lebensjahr besuchte ich die
Schule meines Vaters, zuerst in Rosenbach bis zum 1. August
1913, dann in Stolz, Kreis Frankenstein, wohin sich mein Vater
versetzen ließ. Am 6. Juli 1909 war nach der Geburt ihres 5.
Kindes meine Mutter verstorben. Es war kurz vor meinem 5.
Geburtstag. Trotzdem wir unsere Mutter so früh verloren hatten,
verlebten wir Kinder eine fröhliche Kindheit. Die Eltern meines
Vaters konnten bei uns sein. Von Vater und Großeltern waren wir
mit großer Liebe umgeben. In den Ferien weilten wir oft bei
unserer anderen Großmutter und bei Schwestern unserer Mutter,
die zur Brüdergemeine Gnadenfrei gehörten. Von Kindheit an
bestand dadurch eine Beziehung zur Brüdergemeine. Nach dem
Tode meines Vaters am 19. Dezember 1917, er starb an einem
septischen Gelenkrheuma, musste mein Lebensweg eine andere
Richtung nehmen als von ihm bereits geplant war. Ich sollte
meinem Vater den Haushalt führen, trotzdem ich schon den
Wunsch hatte, Säuglingsschwester zu werden. Nach meiner
Konfirmation, im März 1918, kam ich als Pflegetochter zu Pfarrer
Sabath nach Colm bei Niesky, wo ich bis 1923 blieb. Das
Einleben fiel mir erst schwer, weil ich so plötzlich von meinen
Geschwistern getrennt wurde. Ich blieb aber dann eng mit Onkel
und Tante Sabath bis zu deren Tode verbunden. Im Haushalt war
mir Tante Sabath eine gute Lehrmeisterin. Von Colm aus
besuchte ich oft meine Verwandten Kücherer in Niesky und
verlebte dort schöne Stunden. Bevor ich im Oktober 1931 als
Probeschwester im Emmaus eintrat, war ich noch in drei
Haushaltungen tätig. Mit Freuden begann ich für kurze Zeit als
Schülerin die Ausbildung im Säuglingsheim Breslau. Mein

Kindheitstraum wäre in Erfüllung gegangen, hätte ich nicht wegen Krankheit für längere Zeit aussetzen müssen. Ich bekam Scharlach und anschließend eine langwierige Nierengeschichte. In der Zeit reifte in mir der Entschluss, Diakonisse zu werden. Bis zum Eintritt übernahm ich zur Überbrückung für einige Wochen eine Vertretung im Tabeenstift-Fürsorgeheim für gefährdete Kinder. Es gehörte zum Frankensteiner Mutterhaus. Eine schöne gemeinsame Zeit hatte ich mit meiner jüngsten Schwester, die im Tabeenstift Lehrerin war. Deutlich spürte ich die Berufung zur Diakonisse. Am 1. Oktober 1931 trat ich als Probeschwester in Emmaus ein. Es war anfangs ein großer Kurs, der aber dann sehr zusammenschmolz. Vom Hausvorstand bekam ich oft zu hören: die Begabung haben Sie, aber ihre zarte Gesundheit.... Doch gab der Herr immer wieder die Kraft und Gesundheit, um bis zum 67. Lebensjahr im Dienste zu stehen. Während der Probezeit arbeitete ich meist im Säuglingsheim, wohin ich auch nach der Probezeit kam und am liebsten geblieben wäre. Im Mai 1935 wurde ich mit Schwester Margarete Wicke für ein Jahr zum Krankenschwestern-Examen geschickt. Da ich bisher wenig im Krankenhaus gearbeitet hatte, war es für mich schwer. Kräftemäßig musste ich durchhalten. Die Stationsarbeit musste getan werden. Wegen Migräne, an der ich von Kindheit an litt, versäumte ich Stunden und hatte Schlafeinbußen. Ich musste mich damit abfinden, kein gutes Examen abzulegen.

Nach bestandenem Examen arbeitete ich kurze Zeit im Nieskyer Krankenhaus. Von Oktober 1936 bis Mai 1939 war ich Gemeindeschwester in Weißenfels-Altstadt, zusammen mit den Schwestern Martha Frank und Ella Kriebitzsch. - Eine Enttäuschung brachte mir das Frühjahr 1938. Ich hoffe, mit meinen Kursschwestern als Diakonisse eingesegnet zu werden, aber der Hausvorstand schlug vor aus Gesundheitsgründen zur Verbands-Schwesternschaft überzutreten. Ich bat um zwei Jahre Wartezeit. 1940 war mir dann die Einsegnung ein großes Geschenk. Im November kam ich nach Rogau-Rosenau

(Schlesien) als Gemeindeschwester. Die Umstellung auf eine Landgemeinde war nicht leicht. Es war ein großes langgestrecktes Dorf, und es gehörten noch drei Dörfer dazu. Auch für diese Arbeit wurde mir die Kraft geschenkt. Mein Konfirmationsspruch: „Befiehl dem Herrn alle Wege..." war mir tröstlich. Die erste Zeit nach der Konfirmation waren mir Zweifel an ihm gekommen: Warum musste unser Vater so früh sterben, nachdem wir schon lange keine Mutter mehr hatten?!

In Rogau war ich bis zur Evakuierung im Mai 1947. 1944 wurde unser Dorf Kampfgebiet, und wir mussten ins Glatzer Bergland flüchten. Nach Kriegsende kehrten wir in unser Dorf zurück. Das Häuschen mit Kindergarten und Schwesternstation stand noch. Meine Wohnung war ausgeräumt. Nur im Schlafzimmer grüßte mich das Kruzifix und der darunter hängender Liedvers: „Der Herr ist noch und nimmer nicht von seinem Volk geschieden". Nichts konnte mich mehr erfreuen als diese beiden Dinge.

Ich erfuhr, dass meine Geschwister in Reußendorf bei Waldenburg beisammen waren. Mit der Rotkreuz-Schwester war ich zu Fuß die 30 km nach Breslau gelaufen, um in Bethanien zu erfragen, wo meine Schwester Käthe sein könnte. Im Rotkreuz-Mutterhaus bekamen wir gute Unterkunft und wanderten am nächsten Tag gestärkt wieder zurück. Da mich die Polen oft um Hilfe baten, hatte ich keine Nahrungssorgen. Natürlich gab es auch unliebsame Begegnungen. Schwer war die Typhuszeit und schmerzlich die Unfälle durch Minen auf den Feldern. Es gab tödliche Unfälle. Zwei Schwerverletzte brachte ich unter schwierigsten Umständen ins Schweidnitzer Krankenhaus, wo noch Breslauer Bethanien-Schwestern arbeiteten. Wie dankbar war ich, als ich die Verunglückten nach 30 km Fahrt im Kastenwagen mitten in der Nacht dort einliefern konnte. Wie sichtbar war da Gottes Hilfe!

Im Februar 1945 war die erste Evakuierung des Dorfes. Pfarrer Gerhard zog mit. Von der Kirchenverwaltung wurde ich als Lektorin eingesetzt, und ich übernahm diesen Dienst mit Gottes Hilfe gern. Eine Rotkreuz-Schwester entlastete mich gut in der pflegerischen Arbeit. Eine Bauerntochter tat den Kantoren-Dienst. Von der Miliz (Polizei) bekamen wir ein Zimmer zugewiesen und konnten jeden Sonntag darin Gottesdienst halten. Nur bekam ich nicht immer zur rechten Zeit die Lesepredigten. Pfarrer Gerhard hatte mir verschiedene Andachtsbücher übergeben. Nach Möglichkeit kam alle vier bis acht Wochen ein Pfarrer aus Breslau. Im Pfarrhaus wohnten gute Polen, die uns erlaubten, die anschließende Küche zum Gottesdienst mitzunutzen. Alle 2 Wochen begleiteten mich meine beiden Getreuen in ein Außendorf, um auch dort Gottesdienst zu halten. Hinterher gab es gute Gespräche. Ab und zu sammelten wir auch die Kinder. - Aus dieser Zeit gäbe es noch manches zu berichten.

Am 7. Mai 1947 wurde Rogau zum dritten Mal evakuiert. Bei der zweiten Evakuierung hatte ich gebeten, noch bleiben zu dürfen. Ich wäre gern auch jetzt noch bei dem kleinen Rest im Dorf geblieben. Nun galt es auch für mich, Abschied zu nehmen. Am Sammelbahnhof traf ich mit Schwester Bertha Oswald zusammen. Der Transport brachte uns nach Waltershausen in Thüringen, wo wir zwei Wochen im Lager blieben. Dann reisten Schwester Berta und ich in froher Stimmung ins Mutterhaus, dankbar für Gottes gütige Führung. Nach einer Erholungspause bekam ich die Nachtwache im Krankenhaus. Anschließend arbeitete ich auf der Isolierstation im Pfarrhaus und bald verband mich herzliche Freundschaft mit Pfarrer Trinke und seiner Frau, die noch heute eng besteht. Die Zusammenarbeit mit dem Gesundheitswesen und den Ärzten war gut, und ich wurde regelmäßig zu Tagungen und Fortbildungen eingeladen. Als ich zweimal im Krankenhaus Schleiz lag, wurde ich treu von benachbarten Gemeindeschwestern und Fürsorgern besucht. 1971 musste ich meinen Dienst in Möschlitz, den ich mit so viel Freude getan hatte, aus Krankheitsgründen aufgeben. Ich hatte im Ebersdorfer Krankenhaus gelegen und siedelte nun ins Altenheim Emmaus über. Hier fühle ich mich sehr wohl, und ich bin froh, dass Möschlitz so nah ist und auch meine Nichte mit

Familie in Triptis wohnt. Meine älteste Schwester wohnt in
Bochum, meine jüngere Schwester und Schwager in Freital und
mein jüngerer Bruder mit Familie in Kiel. Sie alle kann ich
besuchen. Im September 1973 wurde unser Geschwisterkreis
durch den Heimgang unserer Schwester Käte von großem Leid
betroffen.

Ich möchte meinen Lebenslauf mit meinem Konfirmationsspruch
dankbar schließen: „Befiehl dem Herrn deine Wege und hoffe auf
ihn, er wird's wohl machen". -

Ja, er hat es wohl gemacht!

„Herr wie sind deine Werke so groß und viel!"

„In dir ist Freude in allem Leide, oh du süßer Jesus Christ!"

10. Agnes Charlotte Merker   (1801-1874)

Lebenslauf der am 14. Mai 1874 in Ebersdorf selig entschlafenen Schwester Agnes Charlotte Merker.

„Wohl dem, den du erwählest und zu dir lässt, dass er wohne in deinen Höfen, der hat reichen Trost in deinem Hause, deinem heiligen Tempel." Psalm 65,5.

„Drum dank ich dir von Grunde meiner Seelen, dass du, nach deinem ewigen Erwählen, auch mich zu deiner Blutgemeine brachtest und selig machtest!"

Diese Losung, welche mir später oft zum Troste war, hatte der Herr der Gemeine am 24. März 1801 gegeben, an welchem Tage ich das Licht der Welt hier in Ebersdorf erblickte. Noch an demselben Tage wurde ich dem dreieinigen Gott in der heiligen Taufe geweiht. Meine lieben Eltern dachten nicht, dass ich am Leben bleiben würde, denn ich war ein sehr schwächliches, allen Krankheiten unterworfenes Kind, besonders litt ich sehr an der englischen Krankheit, die eine langdauernde Schwäche zur Folge hatte.

In meinem fünften Lebensjahr kam ich auf Wunsch meiner Urgroßmutter Ledermann zu derselben nach Neudietendorf. Meine Tante Merker brachte mich dahin, und wir erfuhren auf der Reise eine augenscheinliche Lebensbewahrung, da unser Wagen dicht an einem Abgrund umstürzte. Nur dem Herrn und seinen Engeln haben wir es zu danken, dass wir unversehrt unseren Weg fortsetzen konnten.

Meine lieben Eltern waren sehr dankbar, dass sie mich in dem schweren Kriegsjahr 1806 versorgt und nach Leib und Seele wohlbehütet wussten. Die ersten Eindrücke von der Liebe des großen Kinderfreundes erhielt ich durch meine liebe Urgroßmutter, und die damals entzündete Liebe zu meinem Freunde und Erlöser war es auch, die in meinem späteren Leben bei allen Abweichungen, unlauterem und halbem Wesen mich immer wieder zurück zu ihm führte. Ach, wäre meine Liebe zum

Heiland so innig geblieben, wie sie damals war, wie viele
Schmerzen hätte ich dann später meinem treuen Herrn erspart!
Meine treue Großmutter betete alle Abende mit mir und lehrte
mich jeden Tag einen Vers, den ich mit großer Leichtigkeit lernte.
Besonders eindrücklich war mir der Vers: „Schreibe deine
blutigen Wunden ...". Ich zerfloss dabei in Tränen. Am Tage ging
ich dann ins Schwesternhaus, setzte mich zwischen die
Webstühle und sagte den Schwestern den erlernten Vers vor. Als
ich in späteren Jahren wieder nach Neudietendorf kam, sagte mir
manche Schwester: „Den und den Vers habe ich von dir gelernt,
als du fünf Jahre alt warst!" Diese selige Zeit währte leider nur
zwei Jahre. Am 21. Februar 1807 ging meine gute Urgroßmutter
heim, um Den zu schauen, den sie hier so innig liebte. Ich konnte
es nicht fassen und weinte ihr viele Tränen nach. Es hielt schwer,
mich von der Leiche der Geliebten zu trennen, und immer hoffte
ich, die regungslos und erstarrt Ruhende würde doch endlich die
Augen wieder aufschlagen. Meine Tante zog nun ins
Schwesternhaus und behielt mich bei sich, bis mein Vater in
demselben Jahre von Ebersdorf kam, um mich dorthin
zurückzubringen.
Bei meinen lieben Eltern verbrachte ich nun meine ferneren
Kinderjahre unter mancherlei Bedrängnis, ich lernte den Ernst
des Lebens kennen, denn meine Eltern waren unter den
Kriegsdrangsalen verarmt, und die teure Zeit lag schwer auf uns
allen. Diese Nöte aber führten mich recht ins Gebet, und noch
heute ist mir der Platz, den ich mir ausgesucht, um im Stillen zu
beten und so manches Mal Erhörung zu finden, gar lieb und
wert, wenn ich mein Geburtshaus betrete. Die Kindergemeintage
und die damals noch üblichen „Klassen" gereichten wir
wiederholt zu reichem Segen. Am 1. Juni 1813 bezog ich die
Mädchenstube und wurde am 4. ins Chor der größeren Mädchen
aufgenommen. Mit großer Freude begann ich diesen neuen
Zeitabschnitt, obschon es nun galt, mir alles zu verdienen, was
ich zum Leben brauchte. Dies hielt nun anfangs sehr schwer, da
mir die Arbeit, vornehmlich das Weißnähen, nicht rasch von der

Hand ging. Der Herr aber half mir oft wunderbar, besonders in den ersten Jahren, als ich noch im innigen Gebetsumgang mit ihm stand, im Verein mit zwei Freundinnen, die mit mir auf die Gemeingnaden warteten. Am 16. Oktober 1814 wurde ich in die Gemeine aufgenommen, und am 14. Januar 1815 wurde ich Kandidatin zum Heiligen Abendmahl. Meine Aufnahme in die Gemeine war mir ein gesegneter Festtag, aber noch gesegneter war mir die Stunde, die mir unvergesslich bleiben wird, als ich beim Genuss des Heiligen Abendmahls zusah. Ich sehnte mich unbeschreiblich nach dem Genusse dieses hohen Gutes, und wirklich schenkte mir der Herr durchs Los schon vier Wochen später die Gnade, Konfirmandin zu werden, und am 22. März jenes Jahres wurde ich konfirmiert.

Die vier Wochen vorher, in welchen ich einigen Unterricht erhielt, sowie die feierliche Stunde der Konfirmation machten aber wenig Eindruck auf mein Herz. Zwar fühlte ich die Wichtigkeit des „Ja", dass ich vor versammelter Gemeine auszusprechen hatte, aber die ganze Sache war doch wenig anregend für ein junges, unbefestigtes Herz.

Umso gesegneter war mir der erstmalige Genuss des Heiligen Abendmahls am Gründonnerstag, den 23. März, am Schlusse meines 14. Lebensjahres. Nun hatte ich Teil an allen Gnadenmitteln, und man hätte erwarten dürfen, dass ich immer mehr gewachsen wäre am inwendige Menschen; dem war aber nicht so. Ich war eigengerecht, kannte mich selbst noch gar nicht, dünkte mich besser, als Andere, und wurde immer kälter gegen den Herrn; und hätte mich nicht die liebe Not zu ihm, dem treuen Heiland, getrieben, wo wäre ich hingeraten? Dazu aber diente mir das schwere Jahr 1817, meine und meiner lieben Eltern Not trieb mich an, zum Herrn um Hilfe zu schreien. Ich sollte mir alles verdienen und brauchte allein für Brot wöchentlich 12 Groschen und mehr, dabei litt ich oft bittern Hunger.

Hatte ich mit der Nähnadel etwas verdient, so lagen mir meine armen Eltern am Herzen, denn oft wusste meine Mutter nicht, was sie kochen sollte. So machte ich Schulden auf Schulden, und wer sollte sie bezahlen?

Da lenkte der Herr meiner Tante Kaufmann das Herz, und sie erbot sich, meine Schulden zu bezahlen, unter der Bedingung, dass ich drei Jahre zu ihr nach Neudietendorf käme.

Mein Vater brachte mich da hin, am 12. November 1818 erreichten wir das liebe Örtchen. Mit ganz eigenen Gefühlen ging ich den Berg hinab, Neudietendorf vor Augen. Ich ergab mich aufs Neue dem Herrn und sang von Grund meines Herzens den Vers: „Da ist die Hand, ach, wärs doch nicht vergebens...".

So kam ich in das liebe Örtchen, wo ich statt 3 Jahre 19 verbringen sollte. Meine liebe Tante und all die lieben Schwestern, die mich von früher her kannten, empfingen mich mit vieler Liebe, doch wurde mir das Eingewohnen sehr schwer. Indessen ließ mich der Herr auch hier Freunde finden, die sich meiner treulich annahmen. Hier muss ich besonders erwähnen die lieben Geschwister Reichel, welche das herrschaftliche Gut verwalteten. Sie bewiesen sich als Eltern an mir, der Herr vergelte es ihnen und ihren lieben Kindern hier und in der Ewigkeit auf meine arme Bitte tausendfach; namentlich auch dem lieben Sohn der teuren Geschwister Reichel, der mich bis zu dieser Stunde noch treulich in meiner oft bedrängten Lage unterstützt, sage ich meinen wärmsten Dank. Da ich auch hier mir alles mit der Nähenadel verdienen musste und öfters durch Krankheit daran verhindert wurde, hatte ich es oft recht knapp, nicht selten hatte ich abends nichts zu essen, als ein Stück trockenes Brot und ein Glas Wasser. Doch half mir der Herr auch da oft wunderbar, und ich hatte manche glaubensstärkende Gebetserhörung zu erfahren. Nur ein Beispiel einer solchen mag hier Platz finden. Es hungerte mich sehr, und ich ging mit meinem Stücklein Brot und einem Glas Wasser in den Garten, unter vielen Tränen den Herrn bittend, das wenige mir so zu segnen, als hätte ich die beste Kost. Als ich zurückkehrte, begegnete mir meine Tante auf der Treppe und gab mir Geld, dass ich mir etwas Essen in der Küche kaufen solle. Solche Erfahrungen brachten mich meinem treuen Freunde in aller Not immer näher. Am 4. Mai 1819 trat ich ins Chor der ledigen Schwestern. Ich übergab mich dem Heiland mit Leib und Seele und flehte ihn an, mich zu einer reinen Jungfrau zu machen, die nur sorge, was dem Herrn angehöre; ich fasste die besten Entschlüsse, da mein Herz aber noch nicht neugeboren war, so ging es die folgenden Jahre durch sehr schwere Schulen; es waren Jahre, die ich am liebsten mit Stillschweigen überginge. Der Herr aber ging mir auf meinen Irrwegen unermüdet nach, er ließ meine arme Seele nie aus seinen treuen Armen. Auch wenn ich oft verzweifeln wollte und mich wie in der Hölle fühlte, so erbarmte er sich meiner immer wieder und schenkte mir Trost. Im Äußern ging es mir nun besser, und da ich den Heiland nur als Helfer in äußerer Not kannte, so wurde, da die äußere mich nicht mehr zu ihm hin trieb, mein Herz kalt gegen ihn, mein Beten hörte auf, ich hielt mich zu leichtsinnigen Freundinnen, las leidenschaftlich gern Romane und sank so immer tiefer, indem ich mir und anderen viel Schmerz und Unruhe machte. Mein treuer Heiland aber ging mir mit unermüdlicher Geduld und Langmut nach, er hielt den Bund fest, den er zur Zeit meiner Jugend mit mir gemacht hatte. Erst in der Ewigkeit werde ich ihm recht dafür danken können.

Der unvergessliche Segenstag, an welchem der Herr mich wieder mehr an sich zog, ja mein geistiger Geburtstag, war der 12. November 1821, an welchem Tage ich mit noch zehn jüngeren Schwestern das „Synodalsprechen" hatte. Schon 4 Wochen vorher hatten wir eine gründliche Vorbereitung durch Bruder Johann Jakob Plitt. Der dabei gesungene Vers: „Was wollen wir lange unser Herz mit Überlegung schwächen..." (1055,2) bewegte mich schon tief, noch tiefer gingen mir zu Herzen die drei Punkte, welche uns zur Prüfung vorgelegt wurden: ob es unser Sinn sei, unserem treuen Heiland leben, ihm kindlich folgen und ihn in der Mitte der Gemeinde durch Gesinnung, Wort und Wandel ehren zu wollen?

Der Heilige Geist deckte mir bei dieser Gelegenheit mein Sündenelend gründlich auf; er zeigte mir aber auch das erbarmende Herz meines für mich gekreuzigten Heilandes. So war mir noch nie zumute gewesen! Gleich nach dem Sprechen suchte ich die Einsamkeit und ergab mich dem Heiland mit Leib und Seele. Ich konnte, auf seine Treue hin, die obigen Fragen mit einem getrosten „Ja" beantworten. Aber, mein armes, schwankendes Herz wohl kennend, hätte ich am liebsten meinen Geist sogleich ihm in seine Hände gegeben, um ewig bei ihm, meinem Sündentilger, sein zu können. Diese Zeit, und dieser 12. November, blieben mir unvergesslich und schützten mich in der künftigen Zeit meines Lebens. Denn leider verloren sich diese seligen Gefühle nach und nach, und ich habe noch oft jenen Bund gebrochen. Es ging noch lange im Schwanken dahin, und hätte er mich nicht so fest gehalten, ich wäre wohl wieder ganz von ihm gewichen.

Ein unvergesslich wichtiger Tag war mir der 4. Februar 1826, da mir der Antrag gemacht wurde, als Gehilfin bei den größeren Mädchen zu dienen. Dies war mir sehr wichtig, denn längst hatte ich gewünscht, dem Heiland etwas tun zu dürfen. Ich gelobte im Treue und bat ihn, mich allein durch seinen Geist zu leiten, mich recht wachsam auf mein eigen Herz zu machen und Gnade zu schenken, dass ich ihm seine liebe Jugend in die Arme führen möge. Doch wurde mir dieser Wirkungskreis leider bald wieder verschlossen. Es herrschte damals auf der Mädchentube in Neudietendorf ein leichtsinniger Geist, Romane wurden gelesen, und da ich an mir selbst erfahren hatte, wie schädlich solche Bücher auf junge Herzen wirken, und meine Bemühungen keine Abhilfe brachten, bat ich, mir dies Amt wieder abzunehmen. Erst auf mein anhaltendes Dringen entschloss man sich dazu. Die Arbeiterinnen aber sagten mir: „Wir tun dich nicht heraus, du selbst tust dich heraus!" Ich aber war von Herzen dankbar, als ich von dieser Last, denn eine solche war mir dieses Amt geworden, befreit worden war. Freilich tat es mir sehr leid, meine lieben Mädchen zu verlassen, und umso mehr dankte ich dem Herrn, als ich eine Schule einrichten durfte für Einheimische und Landmädchen, um sie in weiblichen Handarbeiten zu unterrichten, welche Schule ich Mittwoch und Sonnabend hielt. Da hatte ich wieder eine liebe Jugendschar um mich, welche ich mit ihrem besten Freunde bekannt machen konnte, und wir fühlten ihn oft recht nahe. Der Abschied von diesen lieben Kindern wurde mir sehr schwer, als ich später von Neudietendorf nach Ebersdorf zog. Auch hatte sich mein äußeres Bestehen dadurch sehr verbessert.

Der 4. Mai 1830, der Jubelbundestag, war ein ausgezeichneter Segenstag für unser ganzes Chor, und auch mein Herz durfte vollen Anteil daran nehmen. Reich getröstet von meinem teuren Versöhner und Sündentilger über alle Abweichungen, allen Leichtsinn, alle Kälte meines unbeständigen Herzens, konnte ich einen Tag überschwänglichen Segens feiern und mich ihn aufs Neue zu seinem völligen Eigentum übergeben, mit mir zu machen, was ihm beliebet, von mir zu nehmen, was ihn betrübet. Er half mir auch durch alles Schwere hindurch, so besonders, als meine Augen sehr schwach wurden, und mir ein Arzt in Erfurt erklärte, ich müsse dieselben aufs Ängstlichste schonen und mich mit Weißnähen nicht mehr beschäftigen. Was sollte ich nun ergreifen? Da rang ich recht im Gebet mit meinem himmlischen Freunde, und er wusste Rat. Die Schwester, welche im Hause die Stickereien, und was dazu gehörte, die Packkästchen und Schachteln, besorgte, verheiratete sich, und nun wurde mir dies Geschäft übertragen, was mir bald sehr lieb und angenehm wurde.

Am 14. Februar 1836 ging meine Tante Kaufmann selig aus der Zeit. Das war für mich ein schmerzlicher Riss, sie war mir viele Jahre wie eine Mutter gewesen, und ich weinte ihr viel Tränen nach. Der Heiland lohne ihr in der Ewigkeit, was sie an mir getan hat!

Im April 1837 erhielt ich von der Witwenvorsteherin in Ebersdorf die Aufforderung, dorthin zur Pflege meiner leidenden Mutter zu kommen. Ich machte mich zu Fuß auf dem Weg, da ich zum Fahren kein Geld hatte. Bis Jena ging eine Schwester mit mir, dann aber musste ich meine Straße allein ziehen. Ich wählte die damals gangbare Straße über Eisenberg, und weinte und betete viel auf der einsamen Wanderung. Eine Gebetserhörung, die ich damals erfuhr, will ich hier nicht verschweigen. In dem Walde zwischen Jena und Eisenberg war mir recht bang zumute, ich fürchtete, mich zu verirren, und bat den Heiland dringend mir einen Engel in Menschengestalt zu schicken, der mich durch diesen mir unbekannten Wald geleite.

Während ich noch betete, trat ein Mann auf mich zu, den ich für einen Straßenräuber hielt, und fragte mich, wohin ich wolle, und warum ich so allein gehe. Auf meine Antwort, ich wolle nach Eisenberg, erklärte er, er gehe auch dahin und werde mich begleiten.

Ich erwiderte darauf, es würde ihm damit schlecht gedient sein, denn ich ginge sehr langsam. Aber er blieb mir zur Seite und erbot sich wiederholt mir meinen Handkorb zu tragen. Standhaft verweigerte ich ihm denselben, war doch mein spärliches Reisegeld drinnen. Ganz still gingen wir nebeneinander hin, ich rang im Gebet mit dem Herrn, ja ich machte meinem treuen Heiland Vorwürfe, dass er mir einen so unheimlichen Begleiter zugesandt. Da begann der Mann endlich vom Wetter und von der Gegend zu sprechen und fuhr dann fort: „Und wenn wir bedenken, dass dieses alles unser guter Heiland gemacht hat, der uns so teuer mit seinem Blute erlöst hat usw.". Jetzt erst blickte ich meinem Begleiter recht in das bärtige Gesicht und sah, wie sein Auge mild und verklärt gen Himmel schaute. Nun war auch meine Zunge gelöst, wir gingen unter gar manchem Gespräch unsere Straße nach Eisenberg, und ich erkannte beschämt, dass der Herr mir wirklich einen Engel zugeschickt habe, denn ich hätte mich sehr verirren können. Der Mann kam aus einem benachbarten Dorfe und ging nach Eisenberg in die Versammlung. Gern überließ ich ihm nun auch meinen Handkorb.

Am 3. Juni 1837 traf ich müde und erschöpft (die letzten zwei Reisetage hatte unaufhörliches Regenwetter geherrscht) in Ebersdorf ein, voll Dank, dass der treuer Heiland mich behütet und beschützt hatte. Meine liebe Mutter fand ich sehr leidend, gelähmt von wiederholten Schlaganfällen, litt sie überdem an der Wassersucht. Sie war sehr ergeben in des Heilands Willen, und ich hatte viele Segensstunden an ihrem Krankenbett. Aber auch meine Gesundheit fing an zu wanken, und ich bat den Herrn oft, mich nur solange bei Kräften zu erhalten, als meine gute Mutter mich noch brauche. Diese Bitte hat der Herr in Gnaden erhört, er half von einem Tage zum anderen durch.

Am 17. September schlug die ersehnte Stunde, wo die Kranke eingehen durfte in die ewigen Freuden. Ihre letzten Worte waren: „Auf ihn baue ich felsenfest, voller Hoffnung, die nicht lässt!" Den Tag nach ihrem Begräbnis bezog ich die Krankenstube, ernstlich an einem Gallenfieber erkrankt. Der Arzt hatte mich bereits aufgegeben, und ich freute mich von Herzen, meiner lieben Mutter nachgehen zu dürfen. Der Herr aber hatte es anders beschlossen, ich sollte, wenn auch sehr langsam, wieder genesen. Bis im Mai des folgenden Jahres konnte ich aber die Krankenstube nur selten verlassen. In dieser Zeit legte mir der Herr manche Glaubensprobe auf, doch schenkte er mir die Gnade, ihm zu vertrauen, und ich durfte es erfahren: „Hilft er nicht zu jeder Frist, hilft er doch, wenn es nötig ist." Klaget darum, ihr lieben Armen und Kranken, eure Not nur dem Herrn, er hilft gewiss herrlich, und oft ganz anders, als man denkt. Davon könnte ich gar viel schreiben, doch sollen hier nur zwei glaubensstärkende Erfahrungen erwähnt werden.

Ich lag unter vielen Schmerzen darnieder, mehr aber noch drückte mich äußere Not. Ich hatte kein Geld mehr und flehte zum Herrn, der da sagt: Mein ist beides, Silber und Gold. An demselben Tage noch brachte mir der Postbote einen Brief von Bruder Graf aus Herrnhut. Dieser schrieb, er habe von einem Pflanzer aus Suriname eine Summe Geldes erhalten zur Verteilung unter Arme und Kranke. Da er nun vernommen, wie ich schon längere Zeit her krank sei, schicke er mir hiermit zehn Taler. Dies wiederholte er noch zweimal. So glaubensstärkend dies nun auch war, und so dankbar ich meinem himmlischen

Versorger war, dass er in so weiter Ferne Herzen lenkte, die mir halfen, so verließ sich mein Herz gar bald auf diese Quelle. Da starb der Pflanze im Suriname, und diese Hilfsquelle versiegte. Ich sollte lernen, allein auf den Herrn zu sehen.

Als ich nun im Mai zu genesen anfing, erklärte der Arzt, ich könne nicht anders wieder zu Kräften kommen, als durch eine Badekur in Steben. Ich musste darauf erklären, dass eine solche Kur meine Mittel nicht gestatteten. Er teilte es, ohne dass ich davon wusste, meinen Freundinnen, Schwester Braun und Epperlein, mit. Bald darauf wurde ich zu der Schwesternpflegerin, Schwester Andresen, gerufen, welche mir den Ausspruch des Doktors wiederholte. Ich erwiderte, wie ich ja wisse, dass der Herr mich auch ohne jene Badekur gesund machen können, wenn es sein Wille sei, denn die Mittel zu einer Badereise hätte ich ja nicht. Sie erwiderte: „Der Herr will aber, dass du diese Kur brauchen sollst, und zwar mit den Schwestern Braun, Epperlein, Sandreuter und Trinckler", und darauf überreichte sie mir eine Summe Geldes, welche hin reichte die Kosten der Badekur zu bestreiten.

So bezogen wir denn, die obgenannten Schwestern und ich, miteinander in Steben ein Logis und waren recht vergnügt in unserem gemeinsamen Herrn beisammen. Der Herr segnete diese Kur sichtlich, und ich kehrte neu gestärkt hierher zurück. In wie viel Not hat nicht der gnädige Gott über mir Flügel gebreitet! Mein höchster Wunsch war nun, wieder nach Neudietendorf zurückzukehren, da aber meine alte Tante Märker hier in Ebersdorf gerechte Ansprüche an mich machte, sah ich es als des Herrn Willen an, hierzubleiben. Ich verdiente mir mein Brot wieder mit Weißnähen, und der Herr segnete meine Arbeit.

Am 1 September 1842 ging meine liebe Tante plötzlich infolge eines Schlagflusses selig heim. Ich hatte nun keine Verwandten mehr, der Kreis derer, an denen mein Herz hing, und die nun im himmlischen Vaterlande waren, erweiterte sich immer mehr, und meine Sehnsucht, auch bald daheim zu sein, wurde immer stärker. Aber ich fühlte zugleich, dass ich noch nicht soweit sei.

„Ich muss noch mehr auf dieser Erden durch deinen Geist geheiligt werden." Das alt auch von mir. Es ging noch durch manches Schwanken durch.

Da ich die Erbin des Nachlasses meiner seligen Tante wurde, lag es mir nahe, nun ein eigenes Stübchen zu beziehen, dazu aber reichten meine Mittel nicht aus, und es war nur dann möglich, wenn sich eine Schwester willig fand, mit mir zusammen ein Stübchen zu mieten. Ich hatte dabei Schwester Sandreuther im Gemüt, doch konnte ich mich nicht entschließen, ihr den Vorschlag zu machen, obschon ich wusste, dass sie und ihre Tante den Wunsch hegten, dass ihr auf solche Weise ein Stübchen verschafft werden möchte.

Ich legte dies mein Anliegen dem treuen Heiland in dringendem Gebet ans Herz und bat ihn, mich seinen Willen erkennen zu lassen, dass er mir Schwester Sandreuther in meiner seligen Tante Stube schicke, die ich einstweilen noch bewohnte. Eine halbe Stunde später trat sie ein, mich zu besuchen, und sprach ihr Bedauern aus, dass ich keine Aussicht habe, das Stübchen behalten zu können. Nun erzählte ich ihr alles, und sie ging sogleich auf meinen Vorschlag ein. Ihre Tante und die Vorsteherin wunderten sich, dass sie selbst nicht auf diesen Gedanken gekommen waren, aber wir verstanden unseren lieben Herrn, er wollte es uns, seinen schwachen Kindern, zeigen, dass er es sei, der uns zusammengeführt habe.

Wir weiheten unser Stübchen im gemeinsamen Gebet dem Herrn und baten ihn, uns dasselbe zu einem Bethanien zu machen, wo er, als unser treuester Freund, bei uns sei. Er hat uns auch nicht beschämt, er war uns oft so nah, dass nur das Sehen fehlte.

Wir hatten das Stübchen anfangs nur auf ein Vierteljahr gemietet, um zu sehen, ob wir zusammen stimmten. Es sind aber nachmals 20 Jahre daraus geworden, wonach dann Schwester Sandreuther nach dem Heimgang ihrer Tante ein eigenes Stübchen bezog. Da wir indessen auf demselben Gange wohnten, änderte sich wenig in unserem Zusammenleben.

Am 9. Juli 1844 wurde mir der Antrag gemacht, als Vorgesetzte auf die Mädchenstube zu ziehen. Da ich aber zu der Zeit gerade sehr leidend war, nahm ich dies nur auf ein Vierteljahr an. In dieser Zeit ließen es sich die lieben Arbeiterinnen viel Mühe kosten, eine Mädchenvorgesetzte aus einer anderen Gemeine zu bekommen, aber ohne Erfolg, und da mich der Herr in der Zeit mächtig stärkte, und sich meine Gesundheit mehr befestigte, so war dies den lieben Arbeiterinnen und mir ein Zeichen, dass ich es noch ferner als meinen Beruf ansehen sollte, dem Heiland bei seiner lieben Jugend zu dienen. Und ich darf sagen, es war mir wirklich ein lieber, seliger Beruf. Bei allem Schweren, was ja nicht ausblieb, ging ich doch immer wieder mit Lust und Liebe zu meiner teuren Jugendschar.

Welche Freude war es, wenn ich sie um mich versammelt sah und wahrnehmen durfte, wie der Geist Gottes an ihren Herzen geschäftig war, auch bei solchen, die zuvor kaum ihren Gott und Schöpfer kannten und dann bei ihrem Austritt den Heiland von Herzen liebten. Möchten alle, welche die Gnade haben, bei der lieben Jugend zu dienen, einsehen, wie es die Vorgesetzten erst dann recht gut haben, wenn die jungen Seelen zum Herrn geführt worden sind, und seine Liebe ihr Herz erfüllt, und dann gehorchen die Kinder aus Liebe, nicht zu uns, sondern zu ihrem himmlischen Freunde und Erlöser. Wäre ich nur treuer im Gebet gewesen, wie viel mehr Frucht hätte ich sehen dürfen! Blicke ich auf die 22 Jahre meines schwachen Wirkens bei der lieben Jugend zurück, so muss ich die Gnade und Barmherzigkeit meines Herrn dankbar beschämt rühmen. In wie viel schwierigen Fällen hat er gnädig hindurch geholfen, wie hat er stets beschützt und bewahrt, dass Keines irgendeinen körperlichen Schaden erlitten, wie hat er besonders im Innern immer wieder geholfen, wenn es schien, als wäre kein guter Geist herrschend, wie hat er die Mädchenstube immer wieder zu einer Pflanzstätte seines Heiligen Geistes gemacht! Blicke ich aber auf mich, auf meine Fehler, Versäumnisse und Untreuen, so muss ich ausrufen: „Herr, gehe nicht ins Gericht mit mir!" Wie oft hätte ich reden sollen, wo ich geschwiegen, und schweigen, wo ich geredet, wie viel inniger und treuer hätte ich sein sollen im Gebet! Es bleibt mir nur das Flehen übrig: „Tilge, Herr, alle meine Sünden mit deinem teuren Blute, verzeihe mir auch die verborgenen Fehler!" Die Abnahme meines Gesichtes und Gehörs ließ mich endlich nicht mehr viel leisten, und es wurde mir daher im Jahre 1866 mein Amt abgenommen. Das war ein schwerer Schlag für mich. Ich hänge noch immer mit vieler Liebe an den Mädchen, und es ist mir immer besonders wohl, wenn ich sie besuchen kann.

Am 9. Januar 1868 traf mich der harte Schlag, dass der Herr, nach seiner Weisheit, mir meine teure Freundin, Schwester Sandreuther, von der Seite nahm. Sie wurde sehr rasch in Folge eines Schlagflusses aus diesem Leben abgerufen. Ich glaubte anfangs diese Trennung gar nicht ertragen zu können und hoffte, der Vorangeeilten gleich nachfolgen zu dürfen, da ich gleich darauf selbst ernstlich erkrankte. Doch es war nicht des Herrn Wille, noch war ich nicht fertig, noch hat der Herr viel an seinem sündigen Kinde zu kurieren, und oft bitte ich ihn dringend doch, doch mit meiner Kur zu eilen.

Als eine ganz besondere Freundlichkeit meines Heilands sehe ich es an, dass er mir drei Monate vorher, ehe er mir meine teure Freundin von der Seite nahm, meinen geliebten Paten, Bruder Theodor Püschel, hierher führte, indem derselbe als Lehrer hier angestellt wurde. Derselbe hat Sohnes Treue an mir bewiesen, hat mich oft in trüben Stunden aufgeheitert und Freud und Leid mit mir geteilt. Der Herr lohne es ihm schon hienieden und einst in der Ewigkeit! Auch allen übrigen lieben Freunden hier und in der Ferne spreche ich hier meinen herzlichsten Dank aus für alle Liebe und Treue, für alle Unterstützung in meinem Alter, so vornehmlich auch all den lieben Schwestern, die mich durch Vorlesen erquicken, da ich selbst nicht mehr lesen kann. Möchte der Herr dieselben für dieses Opfer, welches sie mir bringen, reichlich segnen!

So trete ich denn nun, lieber Heiland, bald in mein 70. Lebensjahr! Und was ist mein Leben gewesen? Mühe und Arbeit,

Sünden, Mängel und Gebrechen! Durchstreiche denn in Gnaden mein ganzes Sündenregister mit deinem teuren Blut, nimm aber auch den innigsten Dank für all die unendliche Langmut und Geduld mit mir! Mache auch ferner mein Stübchen zu einem Betkämmerchen, dir alle Angelegenheiten deines Reiches ans Herz zu legen, besonders aber die meinen, meine Paten und all meine lieben Mädchen dir täglich zu empfehlen. Wecke die Toten und die Schlafenden, bringe die Irrenden Schäflein wieder zu deiner Herde, damit dir einst von uns allen kein einziges fehlen möge, und wir vereint deine Füße küssen dürfen für deine Langmut und unendliche Geduld!

Wie lange ich nun noch hienieden in Schwachheit pilgern soll, mein teurer Heiland, das weißt du! Halte mich nur recht nah bei dir und hilft mir kämpfen und überwinden durch dein Blut!

Ja, du weißt deine Zeit,
mir ziemt nur, stets bereit
und fertig dazustehen
und so ein Herr zu gehen,
dass alle Stund und Tage
das Herz mich zu dir trage!

Soweit hat die selig vollendete selbst geschrieben. Im Frühjahr 1872 erkrankte sie ernstlich, sodass man ihren Heimgang nahe glaubte, sie erholte sich indessen nach und nach, sodass sie wieder die ihr lieben, täglichen Versammlungen besuchen konnte. An allem, was im Schwesternhause vorging, nahm sie regen Anteil und hat manchen Seufzer fürs Gedeihen des Ganzen zum Herrn empor geschickt.

Eine starke Erkältung fesselte sie in diesem Frühjahr abermals an ihr Zimmer. Alle angewendeten Mittel blieben ohne die gehoffte Wirkung. Bald bildet sich eine Wassersucht aus, welche ihr manche Beschwerde verursachte. Ihr munterer Geist erlag jedoch denselben nicht, sie freute sich über jeden Besuch in ihrem Krankenstübchen, folgte mit dem größten Interesse der Unterhaltung ihrer lieben Freunde und ließ sich gern etwas vorlesen. Die Schwäche und Beängstigungen nahmen aber bald zu, sodass sie oft zum Herrn um ihre Erlösung flehte. Wollte der Feind in solchen Stunden der Mattigkeit auch manchmal den Zweifel in ihrer Seele aufkommen lassen, ob sie denn auch wirklich Vergebung ihrer Sünden empfangen habe und ein seliges Gotteskind sein, so schenkte der Herr ihr doch immer wieder den Glauben an sein voll gültiges Verdienst und die feste Zuversicht, dass er, der sie so treulich durch das ganze Leben geführt und ihr so viele Beweise seiner Liebe und Treue gegeben, sie ja auch jetzt, am Ende desselben, durch sein teures Blut aus Gnaden in sein himmlisches Reich versetzen werde, von Sünd´ und Not gereinigt und befreit.

Da sich unsere liebe Schwester Merker am 3. Mai sehr schwach fühlte und glaubte, der Herr werde wohl mit ihrer Erlösung eilen, so genoss sie noch das heilige Abendmahl und darauf ward ihr der Segen für ihre Heimfahrt erteilt. Doch der Herr verzog noch ein Weilchen mit seinem Rufe. In den nächsten Tagen wechselte ihr Zustand. Mittwoch, den 13. Mai, stellte sich mehr Fieber ein, die Kranke aber ahnte nicht, dass die nun folgende Nacht ihre letzte sein werde. Spät abends schlief sie ein, um hienieden nicht mehr zu erwachen. Wohl in der ersten Stunde des 14., des Himmelfahrtsfestes, machte der Herr durch einen Herzschlag ihrem Leben ein schnelles und sanftes Ende, so dass sie nichts von der Bitterkeit des Todes zu schmecken hatte.

Wie schön hat es der Herr mit ihr gemacht! Sie darf nun einstimmen in den Lobgesang der Erlösten vor dem Throne Gottes: „Preis sei dem Lamm für uns geschlacht´t, sein Blut hat uns gerecht gemacht!"

Ihr Alter hat sie gebracht auf 73 Jahre 1 Monat und 20 Tage.

11. Friedrich August Zoberbier   (1844-1917)

Wie soll ich dem Herrn vergelten alle seine Wohltat, die er an mir tut! Ich bin viel zu geringe aller der Barmherzigkeit und Treue. Psalm 116, 12. 1 Mose 32, 10.

Ja, du hast von Jugend auf, Herr, mit Liebe mich gezogen; überwogen hat die Liebe stets mein Herz. Allerwärts spürt ich deines Geistes Mühen mich zum Gotteskind zu ziehen, und ich gab dir hin mein Herz.

Am 27. August 1844 wurde ich zu Görlitz geboren, wo mein Vater Beamter an der Königlichen Strafanstalt war. Von 5 lebenden Kindern meiner Eltern war ich der einzige Sohn. Beide Eltern waren treue Nachfolger des Herrn, insonderheit mein Vater, der in seinem Amte den Strafgefangenen zu großem Segen war. Frühzeitig verloren wir Kinder durch den Tod die Mutter. Sie starb mit 36 Jahren, als ich sieben Jahre alt war. Ohne besondere Krankheitsnöte verstrichen die Jahre meiner Kindheit. Die Schule besuchte ich gern und lernte mit Angelegenheit. Mit 10 Jahren versetzten mich die Lehrer aus der Volksschule in die Mittelschule. Meine Kinderzeit war soweit eine glückliche zu nennen, nur war ein Umstand vorhanden, der mir die Freude der Jugend so oft trübte. Da meinem Vater das Seelenheil seiner Kinder über alles ging, glaubte er diese nicht früh genug mit der Bibel bekannt machen zu müssen. So mussten wir Kinder vom 10. Lebensjahr an ganze Abschnitte aus der Bibel lernen. Mit dem Lernen hätte es noch gehen mögen, da ich leicht lernte; bedeutend schwerer war mir da Zwang, den Versammlungen beiwohnen zu müssen, die der Vater zweimal in der Woche in seiner Wohnung hielt. Dieser Zwang fiel als ein giftiger Hauch auf mein kindliches Gemüt und erfüllte mein Herz mit Bitterkeit gegen Gott und sein Wort und gegen alle Frommen und nahmen mir die Lust zum Gebet und zum Hause Gottes. In die Kirche musste ich sonntäglich mindestens einmal, vielfach auch zweimal gehen. So wuchs frühzeitig schon in meinem Herzen die

Feindschaft gegen Gott, und es kam soweit darin, dass ich eines Tages im elften Lebensjahr drohend im Unwillen die Hand gen Himmel erhob und dabei die Worte ausstieß: Von dir, oh Gott, der du die Jugend mir verkümmerst, will ich nichts wissen! So kam der Tag meiner Konfirmation, der ohne Eindruck auf Herz und Gemüt vorüberging. Gern hätte ich die Schule weiter besucht und wäre gern Lehrer geworden. Allein ich musste zum Handwerk greifen und erwählte mir die Bäckerei. Die Meistersleute in Görlitz, zu denen ich kam, waren Weltleute, die nur selten zur Kirche kamen. Mir war das Recht. Doch wollte auch ich von Gott und seinem Wort nichts mehr wissen, so wollte doch mein Gott von mir nicht lassen, und ganz insonderheit mir es zeigen und wissen lassen, dass er ein Gott der Liebe sei und Friedensgedanken für alle Menschen, auch für mich habe. Vieles sah und hörte ich in dem Hause der Meistersleute, was mir großen Schaden hätte bringen können. Aber der Herr hielt seine Hand über mich und bewahrte mich vor aller Verführung und schenkte mir unbewusst einen Widerwillen gegen Bosheit und Gemeinheit und weltliche Vergnügungen. An der Bäckerei fand ich wenig Freude und hätte mich lieber mit Büchern beschäftigt. Mein ganzes Denken und Sinnen war darauf gerichtet, wie ich in eine andere Lebenssphäre kommen könnte. So vergingen die Jahre meiner Lehrzeit, bis der ewig denkwürdige Tag kam, der meinem Leben einen Wendepunkt gab und meine Füße auf einen neuen Weg, den Weg des Lebens, gestellt wurden. Als ich nämlich eines Tages am Nachmittag vor dem Schlafengehen in meiner Kammer saß und darüber sann, wie ich meinem Leben eine andere Wendung geben könnte und dabei keinen Ausweg vor mir sah, ergreift mich plötzlich ein namenloses Weh und, wie von einer unsichtbaren Macht überwältigt, zieht es mich nieder auf meine Knie, dass ich beten musste zu einem Gott, der mir so fern und doch in diesem Augenblick so nahe war. Und wie ich so dalag im Staube vor meinem Gott und betete, hieß es laut und deutlich in meinem Herzen: Siehe, ich habe dich je und je geliebet, darum habe ich dich zu mir gezogen aus lauter Güte! Als ich von dem Knien mich erhob, war ich der glücklichste Mensch, mein Herz hätte vor Freuden zerspringen mögen. In jener ewig denkwürdigen Stunde meines Lebens, da mich Gottes Gnade plötzlich und wunderbar ergriff, ist das Samenkorn eines neuen geistlichen, ewigen Lebens, welches in der heiligen Taufe in mein Herz gesenkt worden war, aufgegangen und fing nun an zu sprechen und zu grünen als eine Pflanze von Gott gepflanzt, die noch heute unter der Pflege des himmlischen Vaters steht. In jener Stunde wurde zwischen meinem Gott und Heiland und meiner Seele ein unsichtbares und doch sehr festes Band geknüpft, das festgehalten hat nicht nur in guten, sondern auch in bösen Stunden und Tagen, in Stunden der Anfechtung und der Leiden, selbst im Angesicht des Todes. So hatte das Gotteswerk an meinem Herzen einen bestimmten Anfang genommen, vielmehr einen bewussten Anfang. Ich bekam offene Augen und Ohren für himmlische Dinge und ein Herz für meinen Gott und Heiland und für sein Wort. Wohl war im Anfang das Licht noch matt und undeutlich, es glich dem Anbruch eines Tages, doch es war da. Es geht mit dem geistlichen Leben, wie mit dem natürlichen Leben. Es ist Entwicklung, dem Wachstum unterworfen. Und welch ein Glück es ist, schon in der Jugend zum geistlichen Leben erweckt zu werden, eine Liebe zum Herrn und zu seinem Wort zu erhalten und zu haben, habe ich von Jahr zu Jahr bis auf den heutigen Tag, wo ich nun ein alter Mann geworden bin, immer mehr und immer besser als das größte Glück meines Lebens erkannt, das größer und wertvoller ist als alle Schätze und Güter dieses Lebens. Das geistliche Leben stammt vom Himmel und führt zum Himmel, hat also einen Ewigkeitswert. Es hebt den Menschen aus seinem früheren Zustand heraus, der Mensch wird anders in seinem Wesen, in seinem Denken und Handeln, in seinem Berufe, bekommt andere neue Grundsätze.

Nach Beendigung der Lehrzeit kann ich durch einen Freund meines Vaters nach Gnadenberg in die Ortsbäckerei und bald darauf in die Brüderhausbäckerei nach Kleinwelka. Hier verlebte ich eine glückliche Zeit, lernte gleichgesinnte Brüder kennen und besuchte die Versammlungen in Teichnitz bei Bautzen. Gern las ich in freier Zeit in der Bibel und auch in anderen guten Büchern, um meine Kenntnisse zu bereichern. Mit dem 20. Lebensjahre stand infolge innere Berufung der Entschluss fest, mein Leben dem Dienste des Herrn zu weihen. Durch Vermittlung des Herrn Doktor Wichern in Hamburg erhielt ich im Frühjahr 1865 eine Berufung als Erzieher und Hilfslehrer an das Waisenhaus nach Creuzburg, Oberschlesien. Das war ein gewaltiger Sprung. Doch der Herr ließ den Mut nicht sinken und segnete mein Tun. Am Tage galt es die Kinder zu unterrichten und mit ihnen zu leben und zu arbeiten, und am Abend bis tief in die Nacht hinein arbeitete ich für die Schule und für meine Weiterbildung. Meine Freudigkeit für den neuen Beruf wurde sehr belebt, als ich nach dem ersten Schulexamen vom Herrn Seminardirektor, der zugleich Direktor des Waisenhauses war, 5 Taler als Prämie erhielt. Was mir aber fehlte, war der Umgang mit gleichgesinnten, jungen Leuten. Da musste der Herr diesen Mangel mir ersetzen. In jener Zeit fühlte ich einen ganz besonders starken Zug mit dem Herrn zu reden, und dadurch blieb ich fröhlich in meinem Gemüt. Nach zweijähriger Tätigkeit am Waisenhause trat ich einem Versprechen gemäß in das Rauhe Haus ein, kehrte jedoch nach einem halben Jahr wieder in die alte Stellung nach Creuzburg zurück, um mich ganz dem Lehrberufe zu widmen und für das Examen mich vorzubereiten. Unter besonders gnädiger Durchhilfe des Herrn ist es mir auch gelungen. Vom Schulrat erhielt ich nun eine Stelle in Mittelschlesien. In jenen Tagen griff der Herr wunderbar in mein Leben ein. Eine Verkettung von allerlei Umständen und Fügungen machte es möglich, dass ich bald darauf infolge einer Berufung des Herrn Direktors Bruder Geller als Erzieher und Lehrer nach Niesky in die Knabenanstalt kam. Nun war ich wieder in der Gemeine und sollte nun in sie einverleibt werden. Für diese Führung bin ich dem Herrn allezeit dankbar gewesen. Es war der Weg des Heils für mich. Unter den neuen

Verhältnissen fühlte ich mich sehr glücklich, sowohl was meine Tätigkeit anbelangte, als auch in dem Verkehr mit gleichgesinnten Kollegen. Die freie Zeit benutzte ich gut zur Weiterbildung, nahm einige Fächer in der Missionsschule und gab Unterricht im Jünglingsverein. Die Ferien konnte ich nun wieder im Vaterhaus verbringen. Seit meiner Erweckung stand ich mit dem Vater bis zu seinem Tode in inniger Verbundenheit. Der Herr hatte gut gemacht, was der Vater in guter Absicht versehen hatte. Nach zweijähriger Tätigkeit in Niesky kam völlig unerwartet der Ruf an mich, die frei gewordene Lehrerstelle an der Ortsschule der Brüdergemeine in Neusalz an der Oder zu übernehmen. Der Abschied in der Knabenanstalt wurde mir schwer. Am 6. September 1870 traf ich in Neusalz ein. An dieser Schule war ich fünfeinhalb Jahre tätig. Diese Jahre waren in jeder Beziehung wertvoll für mich. Die Tätigkeit in der Schule war eine vom Herrn reich gesegnete. So gab ich auch privatim auf dem Progymnasium 6 Stunden wöchentlich Unterricht und im Winter an einem Abend dem Jünglingsverein der Stadt. Was mir jedoch den Aufenthalt in Neusalz so wertvoll machte, war die Bekanntschaft mit Bruder Kleinschmidt, der als Emeritus noch oft predigte und regelmäßig Bibelstunden hielt. Er war ein reich begnadigter Mann und einer der tüchtigsten Theologen, die die Brüdergemeine gehabt hat. Mit besonderem Beweise des Geistes und der Kraft predigte er das Evangelium, zeigte, wie auch die beste Gelegenheit eines Menschen vor Gott nicht zureicht und pries an die Gerechtigkeit, die vor Gott gilt, und die da kommt durch den Glauben an die Erlösung und Versöhnung, so durch Jesum Christum geschehen ist. Da ist mir die Herrlichkeit des Evangeliums in ihrer ganzen Größe aufgegangen. Es war eine Zeit der Vertiefung in der Selbst- und Sündenerkenntnis, eine Zeit des Wachstums in der Gnade Gottes und Erkenntnis Jesu Christi. Ja, nach Gottes Willen sollte Neusalz für mich die Hochschule meines späteren geistlichen Berufes werden. Jahre hindurch ging ich nämlich an einem Abend in der Woche zu Bruder Kleinschmidt, der mit mir die Bibel durchnahm und mich tiefer in die Schrift einführte. Daheim legte ich die gewonnenen Grundgedanken schriftlich nieder und arbeitete sie durch. Regelmäßig nahm ich auch am Halten der Kinderstunden teil und da ich Ostern 1873 zur Acoluthie angenommen wurde, auch an Leseversammlungen. Ende 1875 erhielt ich unerwartet einen Ruf als Diasporaarbeiter nach Russisch-Polen. Reichlich 10 Jahr war ich unter dem Segen des Herrn als Lehrer tätig gewesen, und der Beruf war mir lieb und wert geworden. Der geistliche Beruf sollte mir jedoch noch lieber werden.

Mit meiner Berufung nach Polen hing meine Verheiratung zusammen. Meine Wahl fiel auf Schwester Emilia Koch, Tochter des Färbermeisters Koch in Neusalz. Unsere Trauung war am 15. Februar 1876. Am Hochzeitstag kam es mir so recht zum Bewusstsein, dass es nun in ein fremdes und unbekanntes Land gehen sollte, und so bat ich den Herrn, mir doch ein Wort zu geben, dass mich begleiten und mir ein Stecken und Stab sein sollte im fremden Lande. Zu meiner großen Freude erhielt ich das schöne Verheißungswort: Siehe, ich bin mit dir und will dich begleiten, wo du hingehst und dich wieder heimbringen in das Land deiner Väter. Diese Verheißung hat der Herr auch wahr gemacht. Er ist mit mir gewesen im fremden Lande mit seinem Segen. Für einen Anfänger im geistlichen Amte war der Posten nicht so einfach. Nach einem Verzeichnis des Vorgängers standen 4000 Seelen in der Pflege des Bezirkes. Viel gab es da zu lernen und zu schaffen. Die Zahl der gehaltenen Redeversammlungen im ersten Jahre kam auf 250. Auch die spezielle Seelsorge war keine geringe. Sie wurde mir aber lieb, hatte ich doch durch Gottes Gnade selbst geistliches Leben empfangen, um das Bedürfnis anderer Seelen recht zu verstehen und würdigen zu können. Im Frühjahr 1877 wurde uns die älteste Tochter Frieda geboren. Glücklich in meinem Beruf und geliebt von meinen Geschwistern ahnte ich nicht, dass meiner Tätigkeit dort sobald ein Ziel gesetzt werden würde. Ein Sumpffieber ergriff mich im zweiten Jahre meines Dortseins und hat mich 1 ¾ Jahre festgehalten. Alle dagegen angewendeten Mittel halfen nur vorübergehend, selbst ein vierwöchentlicher Aufenthalt an der See, wohin die Geschwister mich schickten, brachte keine dauernde Hilfe. Da ich dabei über meine Kraft hinaus tätig war, kam ich zum Liegen und musste um Ablösung bitten. Ostern 1878 reiste ich mit Frau und Kind zurück nach Neusalz, wo wir im Hause der Schwiegereltern ein Jahr wohnten. Nun schickte mich die Behörde in ein Bad, doch alles war umsonst, bis es dem Herrn gefiel, durch ein einfaches Mittel von einem Schäfer von dem hartnäckigen Fieber mich zu befreien. Vom Fieber befreit, meldete ich mich bei unserer Behörde zu weiterem Dienst. So kam der 13. März des Jahres 1879 heran, der durch Gottes Gnade zu einem Segenstage mir werden sollte. Die Losung des Tages hieß: Ich bin Gott, der Gott deines Vaters Abraham. Fürchte dich nicht, ich will mit dir sein und dich segnen. 1.Mose 46, 34. Ich war allein im Zimmer. So konnte ich die Losung recht beherzigen und musste unwillkürlich daran denken, wie der Herr an meinem Hochzeitstage auf meine Bitte hin mir ein ähnliches Wort gegeben habe, und wie er mit mir gewesen sei und mich wieder heim gebracht habe in das Land meiner Väter, wenn auch früher als mir es lieb war. Und als ich der Treue meines Gottes so nachdachte, hieß es laut und vernehmlich in meinem Herzen: Und dieses Wort soll dich wieder begleiten an den neuen Ort deiner Tätigkeit, und ich will dich segnen. Über solche herablassende Güte und Treue meines Gottes und Heilandes war ich ganz betroffen von erstaunt, und noch mehr, als noch an demselben Vormittag von unserer Behörde der Ruf an mich kam, den Diasporaposten in Ebersdorf zu übernehmen. Unter so herrlicher Zusage meines Gottes konnte ich getrost und ohne jedes Bedenken den Ruf annehmen. Schon am 22. April 1879 trafen wir mit unserem Kind hier in Ebersdorf ein. Unsere Wohnung fanden wir im Diasporahaus. Wir fanden es in einem ziemlich primitiven Zustande vor, war es doch herrenlos und blieb es auch bis zur Neuregelung der Besitzverhältnisse 1895. So, sagte ich mir, kann es nicht bleiben. Der Herr gab mir auch Mut und Weisheit, hier einzugreifen. Ohne alles Geräusch konnte ich verschiedene alte Freunde in der Diaspora dafür gewinnen. Die Schlafsäle, wo bisher nur Kästen an der Erde mit verbrauchten Strohsäcken und wollenen Decken sich befanden, versah ich mit 22 neuen Bettstellen und Betten und auch mit Waschutensilien. Ferner schaffte ich neues Geschirr und neue Bestecke für ca. 60 Personen an, was in der Osterwoche und am 13. August gut gebraucht wurde. Später kamen das Haus und der Hof dran. So ist das Haus allmählich ein stattliches Haus geworden. Auch auf den Reisen ist der Herr mit mir gewesen und hat mich gesegnet. Über Bitten und Verstehen bahnte er mir neue Wege und öffnete mir neue Türen. Ich schlug den offiziellen Weg ein. Außer in den Gemeinschaftskreisen hielt ich Vorträge in Vereinshäusern und predigte in den Kirchen. Es gestalteten sich allmählich die Verhältnisse so, dass mein Beruf mich in alle Lebenskreise und Berufsstände hinein führte. Mit den Geistlichen der Landeskirche stand ich zumeist auf freundschaftlichem Fuße, was nicht nur angenehm war, sondern auch meine Arbeit in den vornehmen, gebildeten Kreisen förderte. So lag es mir auch sehr am Herzen, das Interesse und die Teilnahme für unsere Mission durch Vorträge und Missionsgottesdienste zu wecken und zu erhalten. Zu meiner Freude durfte ich viele Jahre hindurch am Schluss des Jahres 5 bis 6000 Mark unser Missionsdirektion einschicken. Die größte Freude war es mir jedoch, mit dem Wort der Versöhnung und Erlösung an die Herzen der Menschen herantreten zu dürfen und anzupreisen die Gerechtigkeit, die vor Gott gilt. Unter dem Segen des Herrn wuchs die Arbeit derart, dass sie für eines Mannes Schultern zu stark wurde und ich mich genötigt sein, um Teilung des Bezirks zu bitten. Doch erst nach 6 Jahren darauf vollzog sich die Teilung. Im Familienleben waren die Aufgaben für mich bedeutend schwerer, doch der Herr gab auch hierzu Mut und Kraft, und die Gnade, durch Geduld zu laufen in dem Kampf, der mir verordnet war. Auch an Freude und reichem Segen hat es der Herr in der Familie nicht fehlen lassen. Er schenkte uns das Haus voll Kinder, die alle ohne besondere Krankheitsnöte frisch

und munter heranwuchsen. Bei den vielen Kindern empfand ich
es als eine besondere Wohltat, ein Haus allein bewohnen zu
können, wo die Kinder frei im Haus und Hof und Garten sich
bewegen konnten. Sie haben alle eine fröhliche Jugendzeit hier
verleben dürfen. Meine liebe Frau erfreute sich von Haus aus
einer guten Gesundheit. Doch dreimal hat sie im Laufe der Jahre
hier durch starke Erkältung auf den Tod gelegen und zwar nach
menschlichem Ermessen hoffnungslos. Der Herr aber hat sie in
Gnaden jedes Mal wunderbar dem Tode entrissen und sie den
Kindern und mir erhalten. Allein von der letzten schweren
Niederlage Ende 1897 ist ein Siechtum zurückgeblieben, Leiden
und Beschwerden, zumal ein Magenleiden, dass ihr bis auf den
heutigen Tag Nöte bereitet. Für den Haushalt ist dann zumeist
die älteste Tochter Frieda eingetreten. Mein Herzleiden hat mir
gelegentlich auch Nöte bereitet, und einmal so, dass ich etwas
pausieren musste. Im August 1901 verloren wir unseren zweiten
Sohn Gerhard, einen blühenden hoffnungsvollen Sohn im Alter
von 18 Jahren, der hier im Gemeinladen als Kaufmann gelernt
hatte und nun dem Missionsberuf sich widmen wollte. Gesund
und froh ist er an einem Abend von uns gegangen und ist nicht
wieder zurückgekehrt. Ein Schlagfluss hatte beim Baden seinem
Leben ein Ende gemacht. Wohl allen, die in solchem Falle die
Quelle des göttlichen Trostes kennen, die von oben kommt und
nie versagt. Mit der Teilung des Bezirkes hatte ich es nun
bedeutend leichter. Da traf mich leider 1904 unerwartet einen
Unfall, der mich nötigte, um Abnahme des Amtes zu bitten. Ich
hielt in der Gebetswoche wie sonst einen Vortrag, als plötzlich
Blutwellen vom Herzen nach dem Kopfe gingen, die immer
stärker wurden, bis die Gedanken vergingen und ich abtreten
musste. Vorher hatte ich einen Anfall von Influenza, der sich auf
dem Kopf legte. Hätte ich, wie der Arzt mir hintennach sagte, 14
Tage den Kopf abruhen lassen, so wäre der Unfall nicht
eingetreten und hätte ich meine geistige Kraft noch lange
erhalten. Mit dem Unfall ist mir die Reproduktionskraft verloren
gegangen und habe sie nie wieder erlangt. 5 Jahre vor der

üblichen Zeit und zu einer Zeit austreten zu müssen, da der Gehalt am höchsten und die Ausgaben mit den Söhnen am größten waren, die zumeist auf Schulen sich befanden, war wirklich nicht leicht. Da habe ich recht mit meinem Gott und Herrn darüber reden müssen, und er hat mir dabei die Zusage ins Herz hinein gerufen: Siehe, ich will dich nicht verlassen noch versäumen. Wie tröstlich war doch solche Zusage, und der Herr hat sie wahr gemacht, denn was er zusagt, hält er gewiss. Sorgen, Nöte und Verlegenheiten blieben nicht aus, doch der Herr hat geholfen, hindurchgeholfen und wunderbar so manchen Berg der Sorge ins Meer versenkt. Der Herr erquicket meine Seele, sagt der Psalmist, und das ist noch heute das Geheimnis bei den Seinen, dass sie unter schweren Verhältnissen Spannkraft und Ausdauer bewahren und nicht ermüden unter den Mühen und Sorgen ihrer Erdenpilgerschaft. An Tätigkeit im Ruhestande hat es auch nicht gefehlt. Gern hätte ich nun und noch ausgiebiger, als ich es schon im Berufe trotz stark besetzter Zeit getan habe, am Halten der Gottesdienste mich beteiligt, doch das war bis auf Halten von Singstunden ausgeschlossen. Da zeigte mir der Herr einen Weg, an den ich nie vorher gedacht habe, indem er mich innerlich wiederholt aufforderte, nun auf schriftlichem Wege der Gemeine zu dienen. Dieser Weisung Folge leistend habe ich die ganzen Jahre hindurch Schriftbetrachtungen fürs „Herrnhut" und besonders für das „Bethania" zusammenhängende Betrachtungen geschrieben. Die Beschäftigung mit dem Worte Gottes ist für mich wertvoll gewesen, hat mir viel Freude und Segen eingetragen und meinen Geist frisch erhalten. Auch der Garten und die Zimmerblumen (zumeist Kakteen) und das tägliche Spielen auf dem Harmonium boten angenehme Abwechslung, Erholung und Freude. In den Ferien kamen die Kinder und brachten Freude in das Haus. Im Jahre 1910 erhielt unser ältester Sohn Walter, Lehrer am Seminar in Niesky, einen Hof als Missionar nach Deutsch-Ostafrika und zwar als Leiter einer höheren Schule.

Nach Studium eines Semesters auf dem orientalischen Seminar in Hamburg wurde er im Frühjahr 1911 zu unserer Freude hier im Ebersdorf ordiniert und abgeordnet. Am Sonntag darauf hielt er den Predigtgottesdienst hier auf dem Saal. Am 1 Mai wohnten wir seiner Hochzeit in Neusalz an der Oder bei. Es kam im Sommer 1914 unerwartet der Krieg, der Leid und Tränen in tausende von Familien, auch in unsere Familie brachte. Vielleicht erlebe ich das Ende des Krieges und kann näheres im Lebenslauf mitteilen, im anderen Fall, so ich früher abgerufen werde, mache ich den Schluss desselben.

Überblicke ich nun mit 71 Jahren meinen Lebensgang, so muss ich bekennen: Herr, ich bin nicht wert all der Barmherzigkeit und Treue, die du deinem Knecht erwiesen hast. Er half im Innern und im Äußern, in heller und in trüber Zeit, und wo ich mich zurück erinnere, floss Gnade und Barmherzigkeit auf meinenLebensweg herab und wird so fließen bis ins Grab. Mit tiefer Beugung muss ich jedoch auch bekennen, dass trotz aller erfahrenen Gnade meines Gottes und Heilandes noch Mängel und Gebrechen, Kanten und Ecken gewesen sind, auch heute noch. Auch die Seinen muss der Herr mit großer Geduld tragen. Das geistliche Leben muss hier wohl seinen Anfang nehmen, jedoch zu einer Ausreifung desselben kommt es hier nicht. Die Vollkommenheit und Befreiung von der Sünde erreichen wir hienieden nicht. Der Kampf, die Entwicklung, das Streben, das alles ist unsere Sache hienieden, die Vollkommenheit und die Reife ist Gottes Sache und gehört der Ewigkeit. Indes alle die Führungen meines Gottes mit mir, alle die mannigfachen Glaubensproben und Lektionen, Anfechtungen und Demütigungen mussten dazu dienen, dass Christus immer größer und unentbehrlicher wurde in meinem Herzen und Leben und ich immer kleiner, bis er Alles sein wird und ich Nichts. Sein Blut, mein Schmuck und Ehrenkleid, seine Unschuld und Gerechtigkeit macht, dass ich kann vor Gott bestehn und zu der Himmelsfreud eingehn.

Nachschrift der Kinder:

Unser lieber Vater hat das Ende des Krieges nicht mehr erleben dürfen. Er hat aber ganz besonders innigen Anteil an dem furchtbaren Schicksalskampf unseres Vaterlands genommen, sein Wohl und Wehe war ihm zur persönlichsten Angelegenheit geworden. Als er am vergangenen Sonnabend nach einem überaus schweren und qualvollen Asthmaanfall kaum die Sprache wieder gewonnen hatte, so sprach er mit uns die Reden der Abgeordneten im Landtag durch, die ihn so lebhaft interessiert hatten. Schon seit Ende vorigen Jahres hat unser teurer Vater viel geritten. Sein reger Geist triumphierte jedoch immer wieder überall seine Körperbeschwerden, sodass wir dadurch doch immer wieder über den Ernst und die Schwere seines Leidens hinweg getäuscht wurden und uns das Ende trotz alledem sehr plötzlich kam. Vater selbst aber hatte sich viel damit beschäftigt, was uns aus mancher voraus sorgender Bemerkung hervorging, die uns das Herz schon damals schwer machen wollte. Am Dienstagnachmittag kurz nach 3 Uhr traf unseren geliebten Vater der todbringende Schlag, der ihm die Sprache raubte und die linke Seite lähmte. Sein Geist blieb jedoch klar, sodass er unsere Fragen noch mit Verständnis durch ein deutliches Ja oder Nein beantwortete, und dass er noch mühsam einige schwer verständliche Worte hervorbrachte, die uns ein teures Vermächtnis bleiben werden. Um Verse bat er die Mutter und verfolgte jeden derselben mit Verständnis. Auf die Frage, ob der Heiland bei ihm sei und er Frieden fühle, antwortete er mit vernehmlichem Ja, und wir fühlten ihm diesen himmlischen Frieden alle ab. Seine Sterbestunde war trotz allem Schmerze eine Weihestunde für uns. Nun stehen wir voll heißem Dank an seinem Srge und werden den so fürsorgenden, so bis ins kleinste treuen gewissenhaften Vater aufs schmerzlichste vermissen. Mit tiefer Bewegung gedenken wir der beiden Söhne und Brüder, die in weiter Ferne weilen müssen und den schweren Verlust noch nicht einmal kennen. Gerade das Schicksal seines in Russland gefangenen Sohnes Werner hat Vater so oft danieder gebeugt. Doch trug er dies Leid, wie auch den Heldentod seines Sohnes Rudolf willig und geduldig als wahres Gotteskind, und war uns darin allen ein Halt, ein Trost und ein Vorbild. Welche Herzensfreude bedeutete für ihn ein kürzlich aus Afrika eingetroffener Brief, der berichtete, dass es der Frau und den beiden Kinderchen seines ältesten Sohnes Walter wohl ergehe. Ja sogar ein Bild erreichte ihn, sodass er sein jüngstes Enkeltöchterchen, was während des Krieges geboren worden war, noch darauf sehen und sich an ihn freuen konnte. Nur von Walter konnten wir kein Wort erfahren. All die Nöte und Entbehrungen des Krieges, die für alte, schwer leidende Leute einen täglichen fühlbaren Druck bedeuten, können nun nicht mehr an ihn herantreten. Er ist allen Kümmernissen und aller Angst entronnen, wie es so schön heißt in seiner diesjährigen Geburtstagslosung, am 27. August: Der Herr, dein Gott hat dich zur Ruhe gebracht. Und so wollen wir unserem treuen Vater die Ruhe gönnen, die er so wohl verdient hat. Wir wissen es ja, dass es für ihn heißen wird. Ei, du frommer und getreuer Knecht, du bist über wenigem getreu gewesen, ich will dich über viel setzen. Gehe ein zu deines Herrn Freude! Unser Dank und unsere Liebe folgen ihm nach in die Ewigkeit. Der Segen aber dieses treuen Vaters wird uns auf unserem ferneren Lebenswege begleiten.

Es ist uns noch ein Herzensbedürfnis, allen Freunden, Nachbarn und lieben Bekannten einen von Herzen kommenden Dank auszusprechen für all das Vertrauen und die Liebe, die sie unserm Vater auch während seines Leidens erwiesen und für die reichende wohltuende Teilnahme bei seinem Heimgange-Der Herr lohne ihnen diese Liebe.

12. Irmfrid Hans Gemming   (1900-1944)

(verfasst von seinem Vater Paul Gemming)
Als unser drittes Kind wurde uns Irmfrid am 24. März 1900 in Niesky geschenkt, wo wir seit einem halben Jahr die Leitung der Mädchen Anstalt übernommen hatten, aber noch im Prediger-Haus am Platz wohnten. Inmitten von zwei älteren Brüdern und zwei jüngeren Geschwistern verlebte er eine fröhliche, sorglose Kinderzeit und trat mit 6 Jahren in die Ortsschule ein, die damals noch dem Lehrerseminar als Übungsschule diente. Da ihm das Lernen leicht fiel, ging er nach vier Jahren in die Knabenanstalt über und durchlief die Klassen bis Untersekunda. Am 26. März 1915 wurde er von Bruder Theo Marx mit dem Spruch eingesegnet: "Ich weiß wohl, was ich für Gedanken über dich habe, spricht der HERR, Gedanken des Friedens und nicht des Leides". Unsere Hoffnung, dass es sich bei seinen guten Fähigkeiten auf das theologische Studium vorbereiten würde, erfüllte sich leider nicht. Eine Ausbildung in Musik, aufgrund seiner besonderen musikalischen Begabung, kam für uns aus verschiedenen Gründen nicht in Betracht. So entschied er sich nach Ablegung der Reifeprüfung auf dem Bunzlauer Gymnasium für das Bankfach und trat als Lehrling in die Filiale der Löbauer Bank in Görlitz ein.
Seine Lehrzeit wurde im Jahre 1918 durch einen halbjährigen Heeresdienst unterbrochen, den er in Jarotschin an der polnischen Grenze ableistete. Als seine Ausbildung gerade beendet war, brach die Revolution aus, sodass er nicht mehr an die Front kam. Nach seiner Entlassung im Februar 1919 kehrte er in die Görlitzer Bank zurück und verblieb da selbst noch einige Jahre, um dann eine Stellung an der Bank-Direktion der Disconto-Gesellschaft in Liegnitz anzutreten, wo sein jüngster Bruder Wolfram die Landwirtschaftsschule besuchte.
Wie er sich von Jugend auf gern sportlich betätigte, so hatte er sich inzwischen der naturgemäßen Lebensweise zugewandt. Auch ein starker Zug zur Selbständigkeit war ihm eigen, sodass wir ihn

schon als kleinen Jungen, einmal bei einem Ferienausflug ins
Riesengebirge, einen ganzen Tag lang aus den Augen verloren
hatten. Nun kam die Sehnsucht nach Luft und Sonne hinzu und
ließ in ihm den Entschluss reifen, unter Drangabe seines Berufes
als Pflanzer in die Tropen zu gehen. Um sich darauf vorzubereiten
und die nötigen Kenntnisse zu erwerben, gab er die Liegnitzer
bankstelle auf und widmete sich in den Jahren 1923 bis 1925
praktischen Arbeiten und Studien in Gärtnerei, Landwirtschaft
und Siedlungswesen in verschiedenen Gegenden Deutschlands,
am längsten in Niederwinkel in der Eifel, die er dabei kennen und
lieben lernte, nicht ahnend, dass er dort einmal in einem der
schönen Wälder sein Leben fürs Vaterland opfern würde. Aber
noch einmal musste er ins Bankfach zurückkehren, um die
erforderlichen Barmittel zu ersparen. So trat er in die Nieskyer
Bank der DBU ein, wo er zuerst als Buchhalter, dann als
Prokurist und Vertreter des Bankleiters nahezu 10 Jahre tätig
war.

Erst Anfang Juni 1936 kam es zur Ausführung seines lang
gehegten Wunsches und er konnte von Ebersdorf aus, wohin er
inzwischen übergesiedelt war, mit einigen gleichgesinnten
Freunden die Ausreise nach Südamerika unternehmen. In
Kolumbien, wo sie zuerst landeten, fand sich aber leider keine
Möglichkeit zur Ansiedelung, wie ihnen vorgespiegelt worden war.
So setzte er nach Jahresfrist nach Costa Rica in Mittelamerika
über, wo ihm von einem befreundeten Deutschen eine
Bananenpflanzung in Aussicht gestellt wurde. Aber eine neuere
Verfügung der dortigen Regierung, dass Ausländer als Touristen
zu behandeln seien, denen nur drei Monate Aufenthalt gestattet
sei, ließ auch diesen Plan scheitern, so dass er sich schweren
Herzens zur Rückkehr genötigt sah.

Es folgte nun eine schwere Zeit der Arbeitslosigkeit, weil damals
in Deutschland gerade in seinem Beruf und bei seinem Alter trotz
aller Bemühungen und bester Zeugnisse keine Anstellung zu
erlangen war. Da er öffnete sich ungesucht eine neue Aussicht.
Einer unserer älteren Verwandten war aus Argentinien

zurückgekehrt, um sich in Deutschland zur Ruhe zu setzen und bot ihm an, seine dortige Mate-Teefarm zu übernehmen. So entschloss er sich endgültig zur Auswanderung. In Fräulein Regina Fibelkorn, der Tochter des Pastors Fibelkorn in Freystadt Westpreußen, fand er eine gleichgestimmte Lebensgefährtin und wurde am 6. Juli 1938 von Sub. Jablonski in der alten Ordenskirche in Deutsch-Kylau getraut.

So schien alles in bester Ordnung. Die Auswanderung war deutscherseits auch genehmigt, nur die Einreiseerlaubnis seitens Argentiniens stand noch aus. Und auf diese wartete das junge Paar nun Tag und Tag vergeblich, bis sie schließlich die Hoffnung aufgeben mussten und sich auf den Plan zurückzogen, mithilfe einer Bausparkasse, wenigstens im kleinen und nebenbei, nach Beendigung des inzwischen ausgebrochenen Krieges, irgendwo im deutschen Vaterland zu siedeln. Nach manchen Fehlschlägen gelang es ihm, als Rechnungsführer im Baugeschäft Gustav Metzner in Schönbrunn eine Tätigkeit zu finden, bis ihm am 1. Juli 1940 eine Stelle am Finanzamt in Schleiz angeboten wurde, die er gerne annahm. So war sein Lieblingsplan zwar gescheitert, aber als ihm im August 1940 ein Töchterchen geschenkt wurde, ein neues Familienglück beschert.

Der unheilvolle Krieg sollte auch diesem ein frühzeitiges Ende bereiten. Nachdem monatelang die drohende Einziehung wie ein schwerer Druck auf ihm gelegen hatte, wurde er Ende Juni dieses Jahres einberufen und kam nach kurzer Ausbildung in Frankfurt am Main nach Belgien an die französische Grenze. In seinen Berichten hob er die gute Kameradschaft hervor und genoss den Herbst mit der dortigen Fülle an Obst und Gemüse. Da kam der verhängnisvolle, überstürzte Rückzug ins Rheinland bis zur Beziehung einer festen Stellung im Wald bei Simonskall südöstlich von Aachen. Seine letzte Nachricht stammte vom 7. Oktober, am Sonntag, den 8. Oktober, fand der Angriff statt und schon um 10 Uhr traf ihn die amerikanische Kugel in die Halsschlagader, die seinen sofortigen Tod herbeiführte. Einer seiner guten Kameraden, der neben ihm am Maschinengewehr gelegen hatte, gab uns schon am folgenden Tag Nachricht. Sie traf uns schwer und unerwartet. Nachdem unser Sohn vor einigen Jahren bei einem Unfall des Postautos in Schönbrunn so wunderbar vor dem unmittelbaren Tode gerettet worden war, meinten wir, dass ihm eine längere Lebenszeit beschieden sei und er noch einmal zu uns zurückkehren würde.

Gott hatte es anders beschlossen. Aber wir dürfen voll Lob und Dank auf sein wechselvolles und doch reiches Leben zurückblicken und es steigt schon jetzt die Frage in uns auf, ob nicht vielleicht doch der Heldentod die schönste Krönung seines Lebens war. Er, der in seiner Lebensbejahung aus tiefstem Grunde den Krieg ablehnte, hat nun doch sein Leben für uns und unser Volk dahin geben müssen und er, der immer als Mann der Sehnsucht vor uns stehen wird, hat nun das Ziel letzter Sehnsucht in der Hingabe für andere gefunden.

Wir beugen uns unter Gottes heiligen Ratschluss und beten mit dem Dichter:

Mach Stille all das Fragen: wozu, warum?

Und hilf uns schweigend tragen zu deinem Ruhm.

Du wirst die Rätsel lösen, so will uns schwer:

wie alles Treu gewesen, ob's Töten wär.

13. Johanna Sophie Henriette Ott   (1793-1851)

Lebenslauf der ledigen Schwester Johanna Sophie Henriette Ott, heimgegangen in Ebersdorf den 26. Juni 1851.
Ich bin den 12. Juni 1793 in der Nähe von Lobenstein geboren, woselbst meine Eltern einen Gasthof besaßen. In meinem 7. Jahr wurde ich in die Schule nach Lobenstein gebracht, und weil das Haus meiner Eltern einzeln an der Straße stand, so musste ich täglich eine halbe Stunde weit in die Schule gehen. Bei meiner Nachhausekunft fragte mich dann jedes Mal die Großmutter, unter deren Pflege und Aufsicht ich stand, was ich Gutes in der Schule gehört hätte? Da sagte ich ihr einmal, der Lehrer erzähle uns viel vom Herrn Jesu; ich wüsste aber nicht wer das sein, und getraue mich nicht, danach mich zu erkundigen, weil der Vater oft gesagt habe, dass Kinder nicht alles wissen dürfen. Ach, mein Kind, erwiderte die Großmutter, das darfst Du schon wissen, dass der Herr Jesus für die Sünden der Menschen und auch für deine Sünden am Kreuz gestorben ist. Doch nicht für meine Sünden sagte ich, ich habe ja noch niemals etwas Schlechtes getan; was sollte ich denn gesündigt haben? Die Großmutter antwortete: Kind, bedenke nur, wie oft bist du mir und deinen Eltern ungehorsam. Auch das ist eine große Sünde, durch die du den Herrn Jesus gar sehr betrübt hast. Da ging ich zur Stube hinaus, weinte bitterlich, und sagte: Herr Jesus, ich bin ein so ungehorsames Kind, mache mich doch zu einem folgsamen Kind, das seinen Eltern Freude macht. Nachdem ich meine Tränen getrocknet hatte, kam ich wieder zur Großmutter, die aber doch gewahr wurde, was in meinem Inneren vorgegangen war. Darüber freute sie sich gar sehr, sagte: O mein liebes Kind, wenn ich nur noch ein paar Jahre leben und bei dir sein könnte! Ich verstand jedoch nicht, was sie damit meinte, wart aber froh und vergnügt, war sehr lernbegierig und ganz untröstlich, wenn ich zur Winterszeit durch große Kälte und tiefen Schnee am Besuch des Schule gehindert wurde.

In meinem zehnten Jahr hatte ich den Schmerz, meine treue Großmutter von hinnen scheiden zu sehen; über ihren Verlust war ich ganz untröstlich, denn ich fühlte es tief, wie viel ich an ihr verloren hatte.

Mein Vater verkaufte nun den Gasthof, und baute sich in der Nähe ein Haus, um in der Stille zu leben und die Ziegelbrennerei zu betreiben. Im Jahr 1806 hatten meine Eltern das Unglück, alles ihr Hab und Gut in dem damaligen Krieg zu verlieren. Als eines Abends die große französische Armee bei unserem Hause ins Nachtlager rückte, und alles bei uns hereinstürmte, ergriff mein Vater in der größten Angst mich, meine fünf jüngeren Geschwister nebst unserer guten Mutter und suchte, obgleich mit großer Gefahr, uns noch zum Hause herauszubringen. Es blieb uns nun nichts übrig als bei schon stockfinster Nacht unser Nachtlager im Walde zu suchen, und der Vater rief uns zum Abschied nach: Gott sei euer Begleiter! Und somit traten wir unsere mühselige Flucht an. Das jüngste von meinen Geschwistern war 19 Wochen alt, und ich musste meinen 3 Jahre alten Bruder tragen, wobei ich einmal übers andere hinfiel. Wir weinten und jammerten alle, denn wir hatten nichts gegessen und waren nur notdürftig gekleidet, da wir in der Eile und dem furchtbaren Getümmel nichts als unser Leben hatten retten können. Lange irrten wir im Walde umher, bis wir endlich auf dem Heinrichstein anlanden und daselbst eine Höhle fanden, in der wir die Nacht über uns aufhielten und die Zeit in Tränen verbrachten, da an Schlaf nicht zu denken war; denn die Mutter und ich mussten mit unseren wenigen Kleidern noch meine kleinen Geschwister zudecken, die in der kalten Oktobernacht vor Frost zitterten und weinen. Ach! Es war eine trauervolle Nacht! Des anderen Tages schickte mich die Mutter nach Hause, um zu sehen ob unser Haus noch stehe, und Erkundigung einzuziehen, wie es dem Vater ergangen sei. Als ich etwa eine Viertelstunde von der Mutter mich entfernt hatte, erblickte ich einen Franzosen mit schnellen Schritten auf mich zukommen, welche mich mit grimmigen Blick anschrie, ihm augenblicklich den Weg aus dem Walde zu zeigen. Da dies nun nicht so gleich geschehen konnte, weil wir uns noch tief im Busche befanden, so ward er so zornig, dass er fürchterliche Flüche ausstoßend mich zu Boden warf und mit Füßen trat. Hierauf ergriff er seinen Säbel, und schwur mir den Kopf abzuhauen. Als er im Begriff war, den Säbel aus der Scheide zu ziehen, erhob sich plötzlich ein starkes Geräusch hinter mir im Walde. Der Franzose erschrak darüber und lief davon. Ich lag nun halb tot da. Alles zitterte an meinem ganzen Leibe, bis endlich ein Mann kam, der mich dann zu meinem Vater brachte. Dieser erschrak nicht wenig über mich, und ich nicht minder bei seinem Anblick und dem Gräuel der Verwüstung, den ich gewahr wurde. Denn er selbst und unser ganzes Haus war von den Franzosen rein ausgeplündert. Wir weinten zusammen, doch dankten wir auch Gott gerührt für die wunderbare Erhaltung unseres Lebens und die gnädige Durchhilfe, die er uns hat erfahren lassen. Nach 8 Tagen konnten wir wieder in unser Haus einziehen. Es sah sich aber nicht mehr ähnlich, denn alles war verwüstet und ausgeleert. Indes dankten wir Gott, dass wir doch noch ein Obdach hatten, obgleich wir in der kalten Jahreszeit auf dem bloßen Fußboden schlafen mussten, und nichts als ein wenig Stroh unter dem Kopf hatten. An Betten war gar nicht zu denken. Die Franzosen hatten durchaus alles mitgenommen, und geborgt konnte man auch nichts erhalten. Das war ein harter Winter, denn auch an den unentbehrlichsten Lebensmitteln war drückender Mangel. Das trieb dann unsere Eltern und uns Kinder recht zum Gebet, und ich kann mit Wahrheit sagen, dass der allbarmherzige himmlische Vater dasselbe gnädiglich erhört hat. Er schenkte uns doch das notdürftigste, und half uns oft wunderbar durch, so dass wir ihm nicht genug danken konnten.

Im Jahr 1807 genoss ich zum ersten Mal das heilige Abendmahl. Den Tag vorher wurde ich mit mehreren Kindern eingesegnet, bei welcher Gelegenheit der Herr Superintendent Brömel in Lobenstein, ein treuer Liebhaber Jesu, ein dringendes Gebet auf den Knien zum Heiland und empfahl uns alle seinem treuen

Hirtenstab mit der Bitte, dass doch keines von uns möchte verloren gehen, und unter anderem sagte: Lieber Heiland, wenn du sie nicht alle bei dir solltest behalten können, wenn sich eins oder das andere von deiner treuen Jesushand losreißen sollte, o so schenke mir die Gnade, wenigstens ein einziges dieser Kinder vor deinem Throne einst wieder zu finden, damit ich doch nicht ganz umsonst möge gearbeitet haben.

Diese Worte machten einen tiefen Eindruck auf mein Herz, so dass ich in Tränen hätte zerfließen mögen. Als ich an diesem Tage wieder nach Hause zurückkehrte, wurde es mir unterwegs so, dass ich auf mein Angesicht fiel und dem Herrn Jesus inbrünstig anfleht, er möchte mich doch zu diesem einzigen Schäflein machen und mich ganz bei sich erhalten, damit ich ihm treu bleiben könne, denn es sei ja mein sehnlichster Wunsch, nur für ihn zu leben. Tages darauf nahete ich mit einem solchen Friedensgefühl zum Tisch des Herrn, dass es mir lebenslang in unvergesslichem gesegneten Andenken bleiben wird. In dieser seligen Herzenstimmung ging ich eine Zeitlang froh und vergnügt dahin. Leider aber vergaß ich bald wieder die gefassten guten Vorsätze und was ich dem Heiland versprochen hatte. Es besuchten mich meine Jugendfreundinnen, und ich bekam Lust zur Welt. Doch fiel mir nicht selten mein dem Heiland gegebenes feierliches versprechen wieder ein, und ich wurde deshalb bisweilen sehr bedenklich und unruhig. Da verlachten mich meine Freundinnen und sprachen zu mir: lass doch deine trüben Gedanken fahren, denn was will sonst aus dir werden? Weißt du nicht, dass geschrieben steht: Sei fröhlich mit den Fröhlichen, und traurig mit den Traurigen? Halte dich nur zu uns, wir wollen dich schon aufmuntern; du musst vergnügt werden, und ich deiner Jugend freuen. Nun wurde mein verderbtes Herz recht aufgelebt, denn alle meine früheren guten Vorsätze, waren verschwunden.

Ich freue mich nun, in der Welt zu leben, ging mit meinen Freundinnen in Gesellschaften und sogar zum Tanz, wo es mir recht wohl gefiel. Ja bisweilen dachte ich: es ist doch gut, dass diese Mädchen sich meiner angenommen haben. Ich wäre sonst eine völlige Einsiedlerin geworden, und hätte alle diese Freude entbehren müssen. Ach da hätte ich ja ganz und gar nichts auf der Welt gehabt! Dabei wurde ich aber auch nicht wenig stolz und eingebildet, weil man mich wegen meiner Sittlichkeit und meines stillen Betragens lobte. Ich hielt mich selbst für ein ehrbares Mädchen, fand an meinen Nebenmenschen viel und mancherlei auszusetzen, und dachte in meinem Hochmut, ich will mit so schlechten Leuten keine Gemeinschaft mehr haben, davor behüte mich der liebe Gott! Ich beschloss daher alle böse Gesellschaft zu meiden, allein meine eigene Kraft reichte nicht weit, und eine andere kannte ich nicht. Meine Vorsätze waren, ehe ich mich versah, wieder vergessen. Und nun ließ ich mich gelüsten, noch einmal einer Tanzlustbarkeit beizuwohnen. Kaum aber war ich eingetreten, als mich plötzlich eine unbeschreibliche Angst überfiel. Ich zitterte und bebte, es war mir nicht anders zumute, als stände ich vor Gericht, und solle mein Verdammungsurteil vernehmen. Mit schnellen Schritten eilte ich unverzüglich nach Hause. Abends um 9 Uhr langte ich an, und ging sogleich zu Bette, konnte jedoch kein Auge zu tun, sondern weinte und betete zu Gott, mich künftig vor aller solcher Gesellschaft zu bewahren und mich lieber zu frommen Leuten zu führen. So verbrachte ich eine geraume Zeit, ich geriet in immer größere Unruhe, und aller Trost und Friede schien von mir gewichen zu sein.

Als ich eines Abends, wie ich öfters zu tun pflegte, die Versammlung in dem nahegelegenen Ebersdorf besuchte, es war am zweiten Osterfeiertage, und so viele Diaspora-Geschwister daselbst sah, so erkundigte ich mich, was denn das für Leute wären? Man gab mir zur Antwort, es wären Leute, die sich an die Brüdergemeine angeschlossen hätten, und an Festtagen zu Besuch sich einfänden. Da stieg ein tiefer Seufzer auf aus meinem Herzen, und ich sagte zu der Schwester, welche mir diese Auskunft gegeben hatte: ach, könnte ich mich doch auch an die Gemeine anschließen! Sie sah mich lächelnd an und sagte:

ich habe sie schon lange für eine solche angesehen, weil ich sie doch bisweilen auf unseren Saal gehen sehe. Ich aber erwiderte: nein, bisher war es nicht so. Allein ich wünsche es von ganzem Herzen, nur weiß ich nicht, wohin ich mich zu wenden habe. Sie war sehr freundlich gegen mich, und wies mich an den Diaspora-Arbeiter Bruder Enkelmann mit den Worten: Was nicht ist, das kann noch werden. Ich verstand damals diese Worte nicht, aber ich behielt sie in meinem Herzen und dachte: Was mag sie wohl damit meinen? Ich besuchte hierauf den Bruder Enkelmann, und er nahm mich sehr freundlich auf. Auch traf ich bei ihm mehrere auswärtige Geschwister.

Ich fand aber immer noch keine Ruhe für mein armes Herz, denn ich hatte geglaubt, hier fromme Leute zu finden, stattdessen aber ertönte es von nichts als von armen Sündern. Ich schwieg stille, und konnte mich hierüber nicht erklären, denn mein Herz war verschlossen, und ich hätte in meinem Elend vergehen mögen, wenn sich mein treuer Erlöser nicht über mich erbarmt hätte und mir zur Hilfe geeilt wäre. Als ich einmal zum Besuch in Ebersdorf gewesen war, und wieder nach Hause zurückkehrte, nahm der Heiland die Decke von meinen Augen hinweg, und ich konnte einen Blick in mein verdorbenes, sündiges Herz tun. Ich fiel zu seinen heiligen Füßen vor ihm nieder, und bat unter vielen Tränen um Gnade und Vergebung. Da hieß es in meinem Herzen: Stehe auf, dir sind deine Sünden vergeben! Ich war wie neu geboren, und hätte vor Liebe zu meinem Heiland zerfließen mögen. Ich ging von da an viel vergnügter in die Versammlungen nach Ebersdorf, und genoss in denselben vielen Segen für mein Herz. Nun konnte ich mir kein größeres Glück auf der Welt wünschen, als zur Brüdergemeine zu gehören. Ich lebte recht vergnügt im Umgang mit meinem ungesehenen Freunde, wobei ich immer seine Nähe recht kräftig in meinem Herzen fühlte, und deshalb mir recht oft die Versammlungen zunutze machte. Ich besuchte dann auch jedes Mal im Schwesternhause, wo ich zu meiner großen Beschämung mit vieler Liebe aufgenommen wurde.

Es wurde nun der Trieb immer stärker in mir, ein Mitglied der Brüdergemeine zu werden. Allein mein Wunsch wurde mir bald vereitelt, da mein lieber Vater im Jahr 1819 aus der Zeit ging. Wir waren sechs Geschwister, worunter ich die älteste war. Nun war ich genötigt, die Ökonomie und die Ziegelbrennerei zu besorgen, und meine liebe Mutter wollte mir die ganze Wirtschaft übergeben, wobei mir auch mehrere Heiratsanträge gemacht wurden, was mich in neue Verlegenheit brachte, da ich gar keine Freudigkeit dazu hatte, und daher meine Mutter bat, mich damit zu verschonen, ich wolle ja gerne arbeiten, und alle meine Kräfte anwenden, womit sie dann auch zufrieden war. Ich besorgte nun unsere Wirtschaft so gut ich konnte, im Aufblick zu meinem ungesehenen Freund, und ich kann in Wahrheit sagen, dass sein teurer Friede in unserem ganzen Hause zu spüren gewesen ist. Mutter und Kinder waren ein Herz und eine Seele. Eine von meinen Schwestern, welche nun auch schon vor mir vom Glauben zum Schauen übergegangen ist, wurde damals ebenfalls von der Liebe des Heilandes ergriffen, und lernte sich in ihrem Sündenelend erkennen. Mit derselben lebte ich in besonders naher Herzens-Verbundenheit. Wir arbeiteten miteinander, besuchten, sooft wir konnten in Ebersdorf. Der Heiland bekannte sich sehr gnädig zu uns, und segnete uns auch im Äußern. Ich dachte nun immer mehr an das Heil meiner Seele, fürchtete aber, wenn ich in meiner bisherigen Lage bliebe und nicht zur Gemeine käme, nach und nach wieder von meinem Herzen abzukommen. Diesen Kummer klagte ich öfters meinem guten Heiland, und bat ihn, mir Weg und Bahn zur Gemeine zu machen, denn ich getraute mich nicht, der Mutter mein Verlangen zu entdecken, weil ich glaubte, sie würde mich für die Zeit nicht von sich wegziehen lassen. Wenn ich nun so verlegen vor ihm weinte, hieß es allezeit in meinem Herzen: Sei getrost! Wenn die Stunden sich gefunden, bricht die Hilf' mit Macht herein! Als nun einige Jahre verflossen waren, und ich glaubte, dass meine obgedachte Schwester meine Stelle werde ersetzen können, wagte ich's, meiner Mutter meinen Wunsch ein Mitglied der Brüdergemeine zu werden, zu entdecken, worauf sie freundlich sich dahin erklärte: Geh in Gottes Namen. Ich will dich nicht aufhalten. Ach wäre ich doch so glücklich, alle meine Kinder bei der Gemeine zu sehen! Voll Freude und Scham gegen meinen treuen Heiland konnte ich nicht Worte des Dankes finden. Ich hielt um Erlaubnis zur Gemeine an, und zog am 22. Februar 1823 nach Ebersdorf ins Schwesternhaus. Nun kam es mir vor, alles sei bei mir aufs Beste bestellt; all mein Sehnen und Wünschen ging nur dahin, bloß für den Heiland zu leben.

Am 24 Februar 1824 wurde mir die Gnade zuteil, in die Gemeine aufgenommen zu werden, und es kam mir vor, der liebe Heiland sei sehr wohl mit mir zufrieden, weil ich schon jetzt zur Aufnahme gelangt war. Leider aber kannte ich noch nicht mein Elend und Verderben!

Ich war jetzt in der Küche angestellt worden. Da trat eine ganz andere Zeit für mich ein, denn ich gewohnte schwer ein. Da machte mir mein alter Adam viele Not, und die bisher verborgenen Fehler kamen recht an den Tag. Ich wurde hitzig und ungeduldig gegen andere, und auch gegen mich selbst. Aber mit letzterem war noch nichts gebessert. Der Heiland deckte mir dabei mein böses Herz immer noch mehr auf. Ich fasste nun den Entschluss: Ich will doch sehen, ob ich nicht Herr über mich werden kann, und wir versuchen, mich zu bezwingen. Denn alles war mir unausstehlich und zuwider. Ich konnte mich selbst nicht mehr leiden. Ich geriet nun ins Eigenwirken hinein. Ich zog gegen den Feind zu Felde, aber ach! Weil ich nicht die rechten Waffen gebrauchte, so musste ich bald unterliegen und meine Ohnmacht erkennen. Oh! Das presste mir bittere Tränen aus und schmerzte mich unaussprechlich. Meine Vorgesetzte, eine treue Anhängerin Jesu, die meine damalige Lage gemerkt hatte, trug mich mit unbeschreiblicher Liebe und Geduld. Sie weinte mit mir, und wies mich mitleidsvoll zum Heiland, auch machte sie meiner Chorarbeiterin, der Schwester Gotter, Anzeige von meiner Herzensstellung. Dieselbe lud mich sogleich freundschaftlich ein, zu ihr zu kommen, was ich ihr auch versprach. Ich überlegte aber wieder: Was soll ich wohl bei ihr tun? Ohne Zweifel wird sie mich fragen, wie es mir geht. Gut kann ich doch nicht sagen, und, rede ich die Wahrheit, so wird sie mich sicherlich fortschicken. Ich will also lieber nicht zu ihr gehen. Den anderen Tag, als mein Tagewerk ziemlich beendet war, kam Schwester Gotter wieder und redete mich so an: Nun, mein liebes Kind, du hast mich ja nicht besucht? Ich hatte vielerlei Ausreden. Es half mir aber jetzt alles nichts, sie nahm mich liebevoll an der Hand, und ich musste nun mit ihr gehen. Als ich in ihre Stube trat, durchging mich ein solches Liebesgefühl und Zutrauen zu ihr, dass ich ihr mein ganzes Herz auftun konnte. Sie wies mich freundlich und mitleidsvoll mit meinem Elend zum Heiland, der keinen reuigen Sünder von sich stoße, und versprach mir, meiner in teuer Fürbitte eingedenk zu sein.

Ich wurde nun recht deutlich gewahr, dass das Gebet aufrichtiger Seelen bald erhört wird.

Ich ward heiter, der Heiland bekannte sich fühlbar zu mir, und nun gewohnte ich vollkommen in mein Geschäft ein. Weil es mir aber so gut ging, so geriet ich bald wieder im Gleichgültigkeit. Da war nun kein anderer Rat, mein teurer Heiland musste mich in eine andere Schule nehmen.

Im Jahr 1829 kam ich in Dienst zu den Geschwistern Gambs, die damals als Gemeinde-Arbeiter hier eingestellt waren. Diese Veränderung meiner bisherigen Lage fiel mir schwer, weil ich jetzt so gut eingewohnt war, und weil ich mich jetzt von meiner Vorgesetzten, der mir unvergesslichen Schwester Martha Kästner, die mich mit vieler Liebe und Geduld getragen hatte, trennen musste. Das Einwohnen ward mir nicht leicht, um so viel mehr, als ich anfing kränklich zu werden. Ich ward von der Kopfgicht befallen, wobei alle ärztliche Hilfe vergeblich blieb. Ach, das war eine harte Schule für mich, ich weinte und betete, soviel ich nur konnte, zum Heiland, aber er schien mich nicht zu hören. Mein Leiden stieg immer höher, und ich verlor alles Zutrauen zu ihm. Alles was ich bis jetzt geglaubt hatte, fing ich an für leere Einbildung zu halten. Ich dachte, er habe mich ganz verlassen, sonst würde er doch gewiss einmal mich erhören. Als einmal in der Nacht meine Schmerzen aufs Höchste gestiegen waren, und ich nirgends mehr Ruhe zu finden vermochte, war ich im Begriff in voller Verzweiflung aufzustehen und dieser meiner Qual auf irgendeine Weise gewaltsam ein Ende zu machen. Da war es mir plötzlich, als stände oben an meinem Bette jemand, worüber ich aufs heftigste erschrak, und außer Stande war, aufzustehen. Ach, wie wurde es mir jetzt in meinem Herzen! Der Heilige Geist bestrafte mich aufs Ernstlichste. In meinem Innern hieß es: Du Elende, du willst nicht einmal dies wenige dulden, und dich der Verzweiflung preisgeben, und weiß doch, welche zahllose Martern und Leiden dein Heiland für dich ausgestanden hat! Ach, das ist ein schlechter Dank für seine große Liebe zu dir! Kehre um, noch ist Gnade und Barmherzigkeit für dich bereit, so schlecht und verdorben du auch bist. Er wird dich erretten, er wird dich bei sich behalten, wenn du nur willst. Ja, das heißt seine Probe machen. Ob man fest im Glauben steht, wenn man in den schwersten Sachen wie ein Kind dem Herrn nach geht. Nein es ist jetzt in meinem Innern, es muss durchgerungen und durchgebetet sein! Ich flehte: Ach, lieber Heiland, ich glaube, hilf meinem Unglauben! Schenke mir ein recht kindliches gläubiges Vertrauen, ich will ja gern bei dir bleiben. Ach, sei doch so gnädig und vergib mir die große Sünde, die ich jetzt, dieser Stunde wider dich begangen habe. Oh, erbarme dich über mich, du allerbarmherziger Heiland, komm du selbst mir zu Hilfe! Mein treuer Heiland schenkte mir hierauf Geduld und kindliche Ergebenheit, die mitunter noch fortwährenden Schmerzen zu ertragen. Ein ganz besonderer Dank gebührt ihm auch dafür, dass er mir in dieser harten Prüfung eine treue Freundin zuführte, die mich mit vieler Liebe und Sorgfalt gepflegt hat. Der Heiland wolle sie hier und in der Ewigkeit dafür segnen, was sie an mir getan hat!

Als die Geschwister Gambs im Jahr 1832 einen Ruf nach Neuwied erhielten, zog ich wieder in mein mir so liebes Chorhaus.

Im Jahr 1834 wurde ich in der Wäscherei eingestellt, und in Hinsicht auf meine leibliche Gesundheit ging es mir jetzt ziemlich gut. Leider aber geriet ich wieder im Herzenslauigkeit. Ich wurde gleichgültig und undankbar gegen meinen treuen Heiland. Die Versammlungen waren mir nicht mehr so zum Segen wie früher, und ich dachte wenig mehr an die große Gnade und Barmherzigkeit, die der Heiland mein ganzes Leben hindurch an mir getan hat. Allein sein Erbarmen hörte darum doch nicht auf. Um mich nicht verloren gehen zu lassen, musste er mein Inneres auf eine schmerzliche Weise angreifen, um mich dadurch wieder an sein liebevolles Herz zu ziehen. Er ließ jetzt ein ganz besonderes Leiden über mich einbrechen, welches mich aufs empfindlichste erschütterte und zermalmte. Ich erkannte dies sogleich als eine gerechte Züchtigung. Tag und Nacht schrie ich zum Heiland um Hilfe, aber es erfolgte keine. Mit David musste ich da ausrufen: "Ich schwemme mein Bette die ganze Nacht, und netze mein Lager mit Tränen." Jetzt erst deckte mir der Heiland mein grundverdorbenes Herz recht auf. Ich untersuchte mich aufs sorgfältigste, und ach! ich fand nichts als Verwerfliches in und an mir! Ich weinte und flehte um Vergebung meiner Sünden, aber ich fühlte weder Gnade noch Vergebung. Der Heiland schien sein Angesicht gänzlich von mir abgewendet zu haben. Als ich nun einmal die ganze Nacht in diesem peinvollen Zustand zugebracht hatte, und nicht mehr im Bett zu bleiben vermochte, stand ich früh um 3 Uhr auf, warf mich zu den Füßen meines Heilandes und flehte unter tausend Tränen: Ach, du allbarmherziger Heiland, hier liegt eine arme Sünderin zu deinem durchbohrten Füßen. Ich bin nicht mehr wert als ein Wurm, der vertreten werden muss, und habe es verdient, dass du mich ganz vernichtest, denn oh wie schwer habe ich mich gegen dich versündigt. Wie sehr habe ich deine große Gnade und Barmherzigkeit gemissbraucht! Wie oft habe ich die Stimme deines guten Geistes überhört, wie oft ist mein Herz gegen deine heilige Lehre und Warnungen verstockt geblieben! Ach mein Heiland, erbarme dich doch über mich: denn ein ärmeres und schlechteres Wesen gibt es ja nicht auf der Welt! Du bist ja auch für mich in Not und Tod gegangen! Du warest als ein Heiliger und Unschuldiger verlassen, damit du mich nicht verlassen könntest. Ich gründe mich bloß auf dein Verdienst und dein Leiden um meinetwillen. Darum, oh Erbarmer, erbarme dich über mich, und lass Gnade für Recht ergehen!

Oh der selige Moment wird mich in die Ewigkeit begleiten! Es war mir, als legte der Heiland seine durchbohrten Hände auf mein Haupt, und spräche: sei getrost, dir sind deine Sünden vergeben! Oh, ein liebliches Friedensgefühl durchging mein Innerstes, unter einem Strom von Tränen stand ich von den Füßen meines Erlösers auf, voll Dank und innigster Freude! Ich schlug mir sogleich eine Lösung auf. Sie hieß: "Ich habe Dich in meinem Zorn einen Augenblick verlassen, aber mit großer Gnade will ich dich wieder sammeln.", und jetzt fühlte ich wieder die mich beseligende Nähe meines teuren Freundes!

Am 12. Juni 1843, als die selige Schwester 50 Jahre alt wurde, hat sie folgendes Gebet niedergeschrieben: "Ach mein Heiland! Was soll ich heute zum Schluss meines Jubel-Geburtstages von mir sagen? Oh wie ist mein Herz so angefüllt von deiner großen Liebe und Barmherzigkeit, die du an mir getan hast! Dank- und heiße Sündertränen fließen jetzt zu deinen heiligen Füßen nieder. Ach, du treuer Heiland, wenn ich bedenke, was du an mir getan, wie sauer ich dir geworden bin, als du mich erkauft hast, und wie viel Mühe ich dir gemacht habe, bist du mich zu deiner Herde gebracht hast, so muss ich ausrufen: nimm dafür und für die schöne Gnadenwahl bei deiner Kreuzgemeine zu sein, jetzt und in Ewigkeit tausend Dank und Anbetung von mir armen Sünderin! Du guter Heiland, ach, mit welcher Liebe und unaussprechlicher Geduld hast du mich getragen, seitdem du dich meiner Seele offenbart hast! Wie oft habe ich dir dein treues Leben erschwert, ja deine treue Jesushand lag manchmal schwer auf mir, aber es war doch lauter Liebe von dir, um mich nicht verloren gehen zu lassen, sondern mich immer wieder an dein treues Herz zu ziehen. Ach, du barmherziger Heiland höre doch eine arme, tief gebeugte Sünderin, die zu deinen Füßen weint! Ich bitte dich um deines Blutes und Todes Willen, nie von deinem treuen Herzen mich entfernen zu lassen, sondern mich immer mehr in dich hinein zu ziehen. Du gute Heirat, du siehst es und weißt, wie gern ich mich ganz in dich hineinversenkte, um Recht eins mit dir zu sein, und täglichen Genuss aus deiner Gnadenfülle zu schöpfen und nur dir zu leben und dein zu bleiben. Aber du kennst auch mein Herz, wie schlecht und verdorben es ist, wie geneigt es ist, sich von dir zu entfernen. Darum bitte ich Dich: Nimm deinen guten Geist nicht von mir, und schenke mir ein recht leises Ohr auf seine Stimme. Nimm mir doch alles recht genau, was dir an mir nicht wohlgefällt, schenke mir aber auch ein recht klares Auge dich und deine seligen Friedensabsichten mit mir zu erkennen, und schenke mir täglich und stündlich einen Blick in dein liebevolles Jesusherz, und als arme Sünderin bei deinen durchbohrten Füßen zu sitzen. Meine Lieblingssache sei und bleibe mir Gethsemane und Golgatha, ja, mein Heiland, deine liebe Nähe begleite mich, so lange ich noch soll hienieden wallen, bis zu deinem Thron, Amen."

Aus dieser ausführlichen Erzählung der seligen Schwester, ist zu ersehen, dass sie sich in der Schule des Heiligen Geistes gründlich als eine arme Sünderin und den Heiland als den Freund der Sünder kennen gelernt hat. Nachdem sie das schwere Gichtleiden überstanden hatte, genoss sie meistens einer guten Gesundheit, bis sie im vorigen Herbst von einem bösartigen Husten befallen wurde, der sie sehr angriff, und wodurch ihre Kräfte zusehends fanden. Doch blieb sie in ihrem Geschäft fortwährend tätig, bis sie am 11. dieses Monats die Krankenstube beziehen musste, da es ihr denn zugleich ausgemacht war, dass es zu ihrer Vollendung gemeint sein, worüber sie ihre Freunde zu erkennen gab, und versicherte, dass sie mit dem Heiland ganz einverstanden sei. Die Schwäche nahm mit jedem Tage zu, der Husten, verbunden mit Engigkeit und Schmerzen im ganzen Körper, machte es ihr sehr schwer, und sie seufzte oft recht herzbeweglich zum Heiland, sie bald heim zu holen. Nachdem ihr auf ihren Wunsch am 24. der Segen des Herrn zu ihrer Heimfahrt war erteilt worden, schlug ihr am 26. Juli die so sehnlich erwünschte Erlösungsstunde, da sie sanft vollendet wurde nach einer Wallfahrt hienieden von 58 Jahren und 16 Tagen.

14. Johann Heinrich Schmitt   (1766-1847)

Lebenslauf des verheirateten Bruders Johann Heinrich Schmitt, heimgegangen in Ebersdorf den 1. Januar 1847.

„Du hast mich je und je geliebt und auch nach Dir gezogen und ob ich Dich gleich oft betrübt, bleibst Du mir doch gewogen ...",
„Ich bin in Wahrheit eines der schlechtesten Wesen, das sich der liebe Heiland auserlesen, und was er tat, das sind Barmherzigkeiten auf allen Seiten".

Diese Verse drücken etwas der unergründlichen Liebe und Barmherzigkeit des Heilandes gegen mich Sünder aus. Er hat mich zu sich gezogen aus unverdienter Liebe und Gnade.

Ich bin geboren den 6. Januar 1766 zu Lachen in der Pfalz, und wurde den 8. in der Heiligen Taufe dem Herrn zum ewigen Eigentum geweiht. Als ein Kind von einem halben Jahr, erfuhr ich eine besondere Lebensbewahrung. Meine 8jährige Wärterin fiel mit mir, als sie auf einem schmalen Brett über einen Graben ging, in ein tiefes Waschloch, in welchem ich, da sie mich nicht heraus ziehen konnte, und von den Dorfbewohnern niemand ihr Schreien hörte, unfehlbar ertrunken wäre, wenn nicht gerade ein Krämer aus einem andern Dorf des Weges gekommen wäre. Ebenso hatte ich im 4. Jahr das Unglück von einem beladenen Wagen überfahren zu werden, ohne doch einen bleibenden Schaden davon zu tragen. – Die ersten bleibenden Eindrücke auf mein Herz, auf die ich mich besinne, sind die Abendverse, die meine Mutter beim Schlafengehen mit mir gesungen hat; auch von meiner Großmutter väterlicher Seite habe ich Beweise, dass es ihr anlag, mich mit dem lieben Gott bekannt zu machen. Ich verspürte auch Gnadenzüge des Geistes Gottes in meinem Herzen in meinen Kinderjahren darin, dass ich, weil Gott mich so lieb habe, auch ein besonderes Recht auf Ihn zu haben glaubte, und mich mit Ihm, dann, wenn ich allein war, oft vertraulich unterhalten habe, wobei mir sehr wohl war. Ich habe mich später oft mit Sehnsucht an diese selige Zeit erinnert. – Weil mein Vater mich im Sommer bei der Bewirtschaftung seines kleinen

Bauerngutes nötig brauchte, so konnte der Schulunterricht, den ich genoss, nur mangelhaft sein. Als ich 14 Jahre alt war, wurde ich zum Heiligen Abendmahl konfirmiert. Bei dem letzten Unterricht, den der Pfarrer uns erteilte, ermahnte er uns sehr liebreich, bei der Wahrheit, die er uns aus dem Wort Gottes mitgeteilt habe, zu bleiben und danach zu wandeln; kniete dann mit uns nieder und betete zu Gott: dass er uns bewahren wolle, vor aller Verführung des Satans, damit er uns vor Seinem Thron wiederfinden möchte. Dieses Gebet machte einen tiefen Eindruck auf mich. – Obgleich nun solche Eindrücke nicht ganz verloschen, folgte ich doch nachher den bösen Neigungen meines Herzens, da es auch nicht an Versuchungen und Gelegenheiten zur Sünde fehlte. Ich nahm mir zwar oft vor, mich zu bessern, weil ich aber den Heiland nicht kannte, fiel ich immer tiefer in die Sünde. Dabei zeugte mein Gewissen gegen mich, ich wusste dass ich der Sünde diente, und dachte oft: wenn du jetzt stürbest, so gingst du ewig verloren. – Im Jahr 1781 fügte es Gott, dass ein Diasporabruder zu einem Bürger Freitag nach Lachen in Geschäften kam, und diesem, der um seine Seligkeit bekümmert war, auf das Verdienst Christi wies, als das einige womit man vor Gott bestehen könne, das man im Glauben ergreifen müsse; wolle er mehr davon hören, so solle er die Predigten und Versammlungen des Pfarrer Dielemann in Speier besuchen. Freitag tat es, fand mehr, als er erwartet, kam voller Freude zurück, erzählte andren heilsbegierigen Seelen von dem Gehörten, welche nun ebenfalls nach Speier gingen, und es entstand so eine allgemeine Erweckung in unsrem Ort. Es machte dies und die gehaltenen Privat-Versammlungen großes Aufsehen, man sagte, die Leute seien von der wahren Religion abgefallen, es entstanden Verfolgungen, die Versammlungen wurden verboten, die Bücher weggenommen, der Pfarrer, i guter Meinung, warnte sie, sie seien bisher exemplarische Christen gewesen, und nun wollten sie ihren Glauben verlassen. Die Brüder bezeugten: bisher seien sie bloß Namenchristen gewesen, weil sie es nicht besser gewusst hätten, nun wollten sie, was die

Heilige Schrift lehre selbst erfahren und durch den Tod Jesu Christi ihrer Seligkeit gewiss werden.

Auf mich blieb das nicht ohne Eindruck, und als ich am Himmelfahrtstag 1782 von meinem Vater nach Speier geschickt wurde, sagte er, ich könne auch dort der Versammlung des Predigers Dielemann beiwohnen, ich befolgte dieses, und ging schüchtern hinein. – Des sel. Mannes Rede machte keinen besonderen Eindruck auf mich, nachher aber gingen die Brüder in den Garten, und unterhielten sich da brüderlich miteinander, das wenige was sie mir sagten, machte einen solchen Eindruck auf mein Herz, dass ich es nicht vergessen konnte. Die Worte Jesu fielen mir in der Folgezeit oft ein: „Dabei wird jedermann erkennen, dass ihr meine Jünger seid, so ihr Liebe untereinander habt!. – Einige Zeit nachher schloss ich mich an die Erweckten in Lachen an, und besuchte ihre Versammlungen. Ich hatte jetzt nähere Anfassung, es war mir aber nicht klar, dass man als ein armer Sünder, voller Sünden und Schaden, ja als ein Kind Gottes, wie ich mich fühlte, zu dem Armensünderfreund kommen dürfe; ich gab mir Mühe aus eigner Kraft die Sünde zu bekämpfen, wobei ich aber immer mit meiner Selbsthilfe zu kurz kam. O welche Gnade und Barmherzigkeit hat der Heiland in dieser Zeit an mir bewiesen. Er ging mir nach und suchte mich Sünder durch Liebe an sich zu ziehen. Ein Besuch des obgenannten Br. Freitag in Neuwied 1783, erweckte auch in mir das Verlangen, dort zu besuchen. Zu Weihnachten 1785 wurde es ausgeführt. – Was ich hier sah und hörte, war mir wichtig, ich hielt die Einwohner für selige Menschen, mich aber musste ich für unrein und vor Gott verwerflich ansehen, wagte es aber nicht, jemand meinen Zustand zu entdecken, weil ich mich schämte so schlecht zu erscheinen. Der Geist Gottes bediente sich indessen einer Kinderstunde, welche ich am 31. Dezember hörte über die Worte: Kindlein bleibet bei Ihm, auf dass pp. , um mir an das Herz zu kommen, denn die Worte: „Kindlein bleibet bei Ihm" lagen mir nachher noch lange im Gemüt neben der Gewissheit, dass ich noch nicht bei Ihm sei. Ich suchte Ihn aber. – Im Jahr

1786 schrieb ich nach Neuwied um Erlaubnis dort zu wohnen, erhielt aber eine völlig abschlägige Antwort und da mein Vater nicht Willens war mir die Mittel zur Reise in entferntere Gemeinen zu geben, da er mich für jetzt noch nötig in seiner Wirtschaft brauchte, so schien der Weg zur Gemeine zu kommen, damals von allen Seiten mir verschlossen. – Mein innerer Zustand war dabei so, dass mir mein Gewissen sagte, ich habe mit meinen Sünden den ewigen Tod verdient, und ich wohl überzeugt war, niemand könne mir Friede geben und mein Herz ändern als Jesus, ich bat Ihn auch oft, mir die Vergebung meiner Sünde zu versichern; aber es lag noch eine verborgene Eigengerechtigkeit im Herzen zu Grund: ich scheute das Alleshergeben und ebenso den Schmerz des Nichtswerdens. Im August 1787 erhielt ich von meinem Vater Erlaubnis nach Neuwied zu reisen, was nach einem wehmütigen Abschied von den Meinigen erfolgte. Auf meine erneute Bitte um Erlaubnis zur Gemeine, schrieb man, da sich in Neuwied keine Arbeit für mich fand, in andere Gemeinen; und im Dezember wurde mir angezeigt, dass ich Erlaubnis nach Niesky erhalten habe. Sogleich machte ich mich auf den Weg, wobei mir ein deutlicher Beweis von Fürsorge Gottes, das war, dass ich in der kurzen Zeit in Neuwied so viel hatte erübrigen können von meiner Hände Arbeit, dass ich die Reise machen konnte, ohne meinen Eltern beschwerlich zu fallen. Nachdem ich mit genauer Not den Nachstellungen eines kaiserlichen Werbers bei Fulda entgangen war, der mit List und Gewalt mich zwingen wollte Soldat zu werden; mit Sehnsucht erwartete ich den Morgen, um von dem Riesenmann los zu kommen. Den 23. Dezember kam ich in Niesky an mit der Tageslosung: Ich werde bleiben im Hause des Herrn immerdar. Auf Erden in christlicher Gemeine, und wenn ich heim darf, will ich sein, bei Christo meinem Herren. – Ich wurde in der Brüderhaus-Oeconomie angestellt, und kam das folgende Jahr zur Stellmacher-Profession, was ich mir schon früher gewünscht hatte. – Was meinen Herzenszustand betrifft, so fühlte ich mich im vollen Sinn des Worts unselig.

Weil ich mich aber nicht getraute, meinen Kummer einem Menschen zu offenbaren, verdarb ich mir das erste halbe Jahr in der Gemeine. Endlich befolgte ich den liebreich brüderlichen Rat, der mir in einer Herzensunterredung von einem Bruder gegeben wurde, mich so sündig und verdorben, wie ich mich fühlte, an den Heiland zu wenden, Er allein könne und werde mir helfen. Da fand ich Trost und Frieden. Der Heiland versicherte mich der Vergebung meiner Sünden, und der Heilige Geist gab mir das Zeugnis, dass es Wahrheit sei. – Den 27. April 1788 wurde ich in die Gemeine aufgenommen; je unerwarteter mir diese Gnade kam, umso mehr überwog dieselbe und die daraus ersichtliche Liebe meines Herrn vollends mein Herz. Von der Zeit an, konnte ich nicht nur gegen meine Vorgesetzten, über meine Herzensstellung mich offen aussprechen, sondern mich auch mit allem meinem Anliegen, Schwachheiten und Versehen getrost an den Heiland wenden, der sich meiner Seele so treulich angenommen hatte. Ich bekam Geschmack am Worte Gottes, so dass ich ohne Not keine Versammlung versäumte, und mein oft wiederholter Seufzer war: Ach könnte ich Dir, mein Heiland, doch recht dankbar sein für alle an mir bewiesene Treue! – Es war überhaupt eine selige Zeit für mich damals, bei dem tiefen Gefühl, dass mich der Heiland aus unverdienter Gnade der Vergebung meiner Sünden versichert habe, war ich auch lebendig davon überzeugt, dass nichts Gutes in mir wohnte, und dass ich täglich als ein Kranker zu dem Arzt meiner Seele eilen müsse, um geheilt und bewahrt zu werden. Ungeachtet meines Unvermögens das ich bei mir gewahr wurde bei dem Heiland zu bleiben, schenkte Er mir doch das Vertrauen, Er werde mich bei sich behalten. – Im Jahr 1790 war mir die Leidensgeschichte Jesu zu besonderem Segen, es war mir, als hörte ich sie das erste Mal in meinem Leben; ich konnte das, was unser Erlöser getan hat, mir so zueignen, als wenn Er allein für mich gestorben wäre. Ich fühlte damals auch einen Trieb den Heiden die frohe Botschaft zu bringen, dass Er aus Liebe für mich, für sie und die ganze Welt gestorben sei, und uns dadurch mit sich selbst versöhnt habe.

Die Antwort, die mir ein Br. gab, gegen den ich mich deshalb äußerte: „Wollt ihr Posaune der Gnade sein, räumt euch der Gnade erst selber ein", gab mir aber viel zu denken und bewog mich es dem Heiland zu überlassen, ob er mich brauchen könne. – Von 1792 – 95 war ich bei den größern Knaben angestellt, und es war dies eine gute Schule der Selbsterkenntnis für mich. Ich fing deshalb an, an einem schmerzlichen Kopfweh zu leiden, welches mich auch in der Folge nicht verließ, und in meinem Beruf oft große Störung verursachte. – am 25. Dezember 1796 wurde ich zu einem Besuch nach Berthelsdorf eingeladen, damit die Brüder der U.A.C. sich mit mir in Betreff einer etwaigen Anstellung im Missionsdienst unterhalten könnten.. „Ich bin der Gnade Dir zu dienen unwürdig und untüchtig, aber ich vertraue auf Dich; wenn Du mich rufst bin ich bereit, Dir bin ich schuldig Leib und Leben." Das war ein Teil meiner Unterredung unterwegs mit dem Heiland. – Ich wusste zurück gekehrt noch nicht, ob und wohin; es fiel mir aber bei meiner Arbeit am 29.Januar oft Labrador ein, und den 30. des Monats erhielt ich auch den Ruf dahin, und konnte denselben annehmen. – Am 31. März 1797 reiste ich von Niesky ab mit der Losung: Abraham stund des Morgensfrüh auf, und ging hin an den Ort, davon ihm Gott gesagt hatte.

Nie werde ich die Zeit meines Wohnens in Niesky vergessen, wo der Heiland mir so viele Wohltaten im Innern und Äußern hat zu Teil werden lassen und ich so viel Liebe genossen habe.

Aber ach, wie viel Versehen und Fehlen sind bei mir vorgekommen, die mich vor dem Heiland tief beugen. – In Herrnhut traf ich meine 2 Reisegefährten Kmoch und Reimann, welche mit mir nach Labrador berufen waren. Nachdem wir in der U.A.C. am 4. April in Bezug auf unsern Dienst gesprochen waren, und mit einem Handschlag Dienerstreue versprochen hatten, reisten wir über Hamburg, wo sich noch Geschwister Nissen an uns anschlossen, nach England. – Den 31. Mai gingen wir aufs Schiff um nach Labrador zu reisen, mussten aber 3 Wochen bei Grawesend liegen bleiben, weil der größte Teil der im

Ausfluss der Themse liegenden Flotte sich empört hatte, es brachte uns dies in die augenscheinlichste Lebensgefahr, da eins von den Empörerschiffen, durch die treu gebliebene Mannschaft von den übrigen getrennt, und in unsre Nähe gebracht, von der Festung aus beschossen werden sollte, wenn sich die Empörer nicht ergeben. Da wir dicht davor lagen, und die von der Festung gegebene Warnung nicht verstanden, so hätte es uns das Leben kosten können, wenn die Rebellen sich nicht ergeben hätten. – Den 27. Juli erreichten wir nach einer glücklichen Fahrt Okkak, erstaunt über die hohen und steilen Berge, die sich unsern Blicken darboten. In herzlicher Liebe wurden wir von den dortigen Geschwistern aufgenommen. –Ich erhielt die Anweisung hier zu bleiben. Bei unsrer Ankunft waren nur einige Witwen mit ihren Kindern in der Nähe der Brüder, nachher kamen noch einige Familien. Inniges Mitleid ergriff mein Herz beim Anblick dieser Leute, dass sich bis jetzt so wenig bleibende Frucht unter ihnen zeigte. – Die Bitte zum Heiland: „Ach! Dass auch die Stunde ihrer Heimsuchung schlagen möchte." wurde bei mir recht rege für sie. Das ließ mich meine, mir zum Teil ungewohnte Arbeit umso eifriger anfangen. – Froh und vergnügt verbrachte ich die zwei Jahre 1798 und 99 im Genuss der Nähe Jesu; im letzten zog ich mir bei der Arbeit im Freien spät im Jahr eine starke Erkältung zu, die sich auf meine Beine warf und mich ganz lähmte, so dass ich ein paar Monate die Stube nicht verlassen konnte. – Im März 1800 wurde ich nach Nain gerufen, um den Brüdern daselbst beim Bauen ihres neuen Wohnhauses den Sommer über Hilfe zu leisten. Die Reise über das Kiglapeit-Gebirge war beschwerlich und auch mit Gefahr verbunden. Die Schwierigkeit durch tiefen Schnee den Schlitten bergan vorwärts zu bringen, war eine mühsame Arbeit, bis wir gegen den Abend die Fläche eines weiten Tales erreichten, in einem Schneehaus – das erst gemacht werden musste – übernachteten und den folgenden Tag glücklich in Nain ankamen. – Br. Christensen war zu gleichem Zweck von Hoffenthal gekommen, und so waren wir 6 Brüder beisammen, von denen 3 hoch in Jahren waren. Der

Heiland bekannte sich recht fühlbar zu uns, so wie zu der ganzen Hausgemeine, in der ich reichen Segen für mein Herz genossen habe. Durch gemeinschaftlichen Fleiß brachten wir mit Gottes Hilfe den Hausbau so weit, dass ich Ende Oktober in Begleitung von zwei Eskimos und ihren kleinen Familien in einem großen Boot nach Okkak zurück kehren konnte. Es war für diese Jahreszeit, da oft heftige Stürme aus Nordwest lange anhalten, etwas gewagtes, mit einem offenen Boot in die freie See zu gehen. Umso dankbarer fühlten wir uns gegen Gott, dass er uns nach einer langen, doch glücklichen Reise gesund und wohl in Okkak hatte landen lassen. – Im folgenden Jahr 1801 nahmen wir auch hier, die schon oft besprochene und nötige Bauarbeit vor. Es war mit jederzeit Freude und auch Pflicht, zur Verbesserung der äußern Einrichtung, sowie zur Unterstützung der Mission überhaupt, nach Vermögen beizutragen. Neben der äußern Arbeit machte ich auch den Anfang zur Erlernung der Eskimo-Sprache, habe aber leider den Mut wenn auch nicht ganz verloren, doch in dem rechten Eifer und Fleiß zu bald nachgelassen; besonders weil ich mit den Regeln der Grammatik unbekannt war. Oft trieb mich diese Angelegenheit zu Gott meinem Heiland im Gebet, weil mein Beruf, den Eskimos das Evangelium zu verkünden, ohne ihrer Sprache bekannt zu sein, nicht erreicht wurde. –
Zu Ende 1803 und Anfang 1804 musste ich zu meiner Schmach und tiefem Schmerz gewahr werden, dass ich durch Gleichgültigkeit meines Herzens gegen meinen Heiland, der mich so hoch geliebt hat, in der Gegenliebe zu Ihm, im Gefühl seines Friedens und der Dankbarkeit für seine Gnade und Wohltaten, mich zurück fühlte. - Aber zum Preise meines Erbarmers muss ich bekennen, dass er mich in der Zeit nicht verlassen, noch seine Zusage von mir genommen hat, sondern durch Seinen Heiligen Geist erinnert, und meinen Glaubensblick auf Ihn als das Lamm Gottes gerichtet, und mich seiner Zusage zu meinem großen Trost aufs Neue versicherte. O, wie musste ich mich vor meinem Heiland schämen über meine Unachtsamkeit und Lieblosigkeit, dass ich Ihm nicht mehr zur Freude war, und mir

so manche Stunden und Tage verdorben hatte, die ich im Gefühl Seines Friedens hätte verbringen können.. – Wie oft hab ich mich in spätren Jahren an so manche Stelle des Eis-Landes erinnert, wo ich als ein armer Bettler mein bedürftiges und verlogenes Herz vor dem Heiland ausschütten konnte, und Trost und Erquickung bei Ihm fand, dankend für Seine Durchhilfe und Erhörung. Ich merke hier an: dass, wenn ich aufmerksam auf die Stimme des Geistes Gottes in meinem Herzen gehört habe, mich von ihm habe leiten lassen, so gingen die innren und äußren Geschäfte, zu denen mich der Heiland berufen hatte, unter Seinen Augen glücklich; dabei fühlte ich Friede und Freude in seinem Dienst unter allen schweren Erfahrungen und Abwechselungen, die oft vorgekommen sind. – Im Jahr 1805 wurde ich nach Hoffenthal berufen. Bei der Abreise mit dem Schiff hatten wir das Unglück auf einer seichten Felsenstelle, nahe bei Okkak aufzulaufen, durch den Stoß, welchen das Schiff bekam und zugleich fest sitzen blieb, kamen alle, die darauf waren, in nicht geringe Verlegenheit. Ich eilte bestürzt in die Kajüte, warf mich vor dem Heiland nieder und bat Ihn, uns aus dieser Not zu helfen, und uns das Schiff zu erhalten; und ach, wie dankbar waren wir, dass er uns erhörte, und wir nach wenigen Stunden, ohne dass das Schiff ein bedeutendes Leck bekommen hatte, wieder flott wurden durch das Steigen des Wassers. – Hier, in Hoffenthal war das Jahr zuvor durch Gottes Gnade der langersehnte Wunsch und das Gebet der Geschwister, dass endlich ein wahres Verlangen in den Herzen der Eskimos nach dem Heil ihrer unsterblichen Seele rege werden möchte, soweit erfüllt worden, dass diese Heiden fragten: Was sollen wir tun, dass wir selig werden? – Weil jetzt die Versammlungen von Alt und Jung fleißig besucht worden, und das Lokal, was bisher gebraucht wurde, zu klein war, so musste um den Bau einer Kirche angetragen werden, wozu nach Abgang des Schiffes, noch vor Winter, mit Hilfe der Eskimos, denen es Freude war, dabei tätig zu sein, das nötige Holz für Bretter und zum Bauen auf dem Wasser herbei geschafft wurde, um es im Frühjahr zu bearbeiten, und wenn Gott Sein Gedeihen zum

Fortgang schenkte, vor Neujahr 1806 die neue Kirche einrichten zu können. – Der Heiland hat mich im letzten Jahr meines Wohnens in Hoffenthal mit Dank und Freude gegen Ihn sehen lassen, was sein Blut an den Herzen der in Finsternis versunkenen Eskimos tun kann. –

Am 27. August 1806 erhielt ich einen Ruf nach Gnadenthal in Süd-Afrika. Da ich gewiss glauben konnte, dass es so meine Bestimmung und der Wille meines Herrn mit mir wäre, so nahm ich denselben als aus seiner Hand an, und machte mich zufolge meiner Anweisung fertig in Gesellschaft der Geschwister Kohlmeister und 3 Kindern am 3. Oktober zu Schiff auf die Reise nach London. – Bei dem Rückblick auf meinen etwas mehr als 9jährigen geringen Dienst bei dieser Nation fand ich viel Ursache den Heiland zu loben und zu danken, für Seine Gnade, Treue und Barmherzigkeit, die Er mir im Innern und Äußern so vielfältig erwiesen hat; aber auch viel Ursache, Ihn um Vergebung meiner mannigfältigen Versehen und Sünden zu bitten; und Er war so gnädig und versicherte mich seiner Vergebung, dass ich mit getröstetem Herzen nach einem zärtlichen Abschied von den lieben Geschwistern und der Eskimo-Gemeine abreisen und meinen Posten auf dem Cap getrost entgegen gehen konnte. – Auf dieser Reise, zu der wir – von Labrador nach England – 9 Wochen brauchten, hatten wir mit viel Gegenwind und Sturm zu kämpfen, in denen wir in großer Gefahr schwebten, was besonders in der Nacht vom 28. zum 29. Oktober bei einem Gewitter und dichter Finsternis der Fall war, da ein schneller Windstoß, ehe es möglich war, die Segel alle einzuziehen, das Schiff so auf die Seite drückte, dass wir in Gefahr waren zu verunglücken. Nach strenger Arbeit gelang es den Seeleuten die Segel einzuziehen, worauf sich das Schiff wieder aufrichtete. Am 3. Dezember langten wir gesund und wohl in London an; wir brachten dem Heiland Lob und Dank dar für seinen gnädigen und mächtigen Schutz, den Er uns auf dieser beschwerlichen Reise erwiesen hatte. – Einige Tage nach uns kamen auch die Geschwister Küster auf ihrer Reise von Herrnhut nach dem Cap

an; es war eine besondere Freude für uns Brüder, als alte
Bekannte, hier zusammen zu treffen und zu gleichem Zweck dem
Heiland unter den Hottentotten zu dienen. – Zu Anfang Januar
1807 reiste ich von London nach Fairfield, wo ich am 16. dieses
Monats mit der ledigen Schwester Alice Hikson zur Heiligen Ehe
verbunden wurde. Es war unser beider herzlicher Wunsch und
Bitte zu unsrem treuen Gott und Herrn, dem wir Leib und Leben
und alles was wir haben schuldig sind, seinen Dienst bei den
Hottentotten oder wo uns der Heiland sonst unter den Nationen
in Süd-Afrika brauchen wolle, aufzuopfern; und dazu haben wir
uns seiner Gnade und Unterstützung auf unsrer Pilgerbahn
empfohlen. Besonders bat ich mir aus, im Gefühl meines
Unvermögens und Unwürdigkeit, mich durch seinen Geist zu
leiten und in meinem Beruf mir beizustehen, als ich am 18.
Januar durch Bruder Thomas Moore zu einem Diakonus der
Brüderkirche ordiniert wurde. – Mit herzlichem Dank für alle
Liebe und Teilnahme, die wir von unsern lieben Geschwistern
und Freunden genossen hatten, gingen wir von den innigsten
Segenswünschen begleiten am 19. Januar nach London ab. –
Hier lag eine kleine Flotte, die im Februar nach dem Vorgebirge
der guten Hoffnung abging. Der Br. Wollin hatte mit dem
Capitain des Schiffes London, welches zu dieser Flotte gehörte,
gesprochen, und derselbe war willig, die Geschwister Küster und
uns mitzunehmen. Aber der Heiland war so gnädig, dieses zu
verhindern, wodurch wir vor großer Angst und Verlegenheit
bewahrt blieben. Zwei Schiffe von dieser flotte gingen in einem
Sturm, der sie im Kanal überfiel, verloren; ein Drittes wurde an
die französischen Küste getrieben und zur Prise gemacht; London
bekam einen Leck, so dass es nur durch große Anstrengung der
Mannschaft den Hafen von Portsmounth erreichen konnte. Erst
im Juni konnten wir unsre Reise nach dem Cap antreten. –
Dankbar erkennen wir das Gute, das wir in der Mitte der
Geschwister genossen haben, und wünschen ihnen aus der Fülle
Jesu reichen Segen dafür. – In Begleitung des Br. Wollin reisten
wir den 18. Juni nach Portsmounth. – Oft haben wir uns bei

unsern langen Aufenthalt in London gesehnt, dem uns vom
Herrn vorgesteckten Ziele näher zu kommen; aber wir konnten
die Liebe und gnädige Fürsorge des Heilands dankbar genießen,
dass wir nicht auf jenes Schiff gekommen waren, denn als wir am
22. Juni Portsmounth verließen, lag das Schiff London noch da,
und mehr als ein halbes Jahr nach uns hat es die Cap erreicht.
Unser Captain schloss sich nun an die kleine Flotte, die nach
Brasilien bestimmt war, an, unter der Bedeckung des
Kriegsschiffes Malabar. – Eine unerwartete Freude war es für uns
die Geschwister Borks und ihre Gesellschaft, mit denen wir im
Pilgerhaus in London einige Zeit vergnügt gewohnt hatten, auf
ihrer Reise nach Surinam, noch bei Madeira zu treffen. Diese
Freude wurde dadurch noch erhöhet, da Br. Bork heute – es war
der 17. Juli – seinen Geburtstag beging und er Gelegenheit fand
uns an Bord zu besuchen, da dann die kleine halbe Stunde, wie
eine Minute, bei der Unterredung, wie der treue Hüter unsers
Lebens bis hierher uns so gnädig geleitet und gesund erhalten,
verschwand. Da wir nahe bei dem Schiff, worauf sich die
Gesellschaft befand, vorbei segelten, so konnten wir uns
gegenseitig das letzte Lebewohl zurufen. - Unsre weitere Reise von
Madeira war zwar langsam, doch gut; das Wetter war angenehm
und schön, so dass wir uns nützlich beschäftigen konnten. Der
29. September war der frohe Tag, an dem wir das Land, in
welches uns der Heiland berufen hatte, sahen. O, wie viele
Gebete und Seufzer stiegen in meinem Herzen empor für die
Einwohner desselben, besonders für die Hottentotten, zu denen
wir gesandt waren, ihnen den Rat Gottes zu ihrer Seligkeit
bekannt zu machen. Den 30. gingen wir ans Land und wurden
von Herrn Disant und seiner Familie aufs Liebreichste
aufgenommen. Am 12. Oktober trafen die Geschwister Schwinn
von Gnadenthal ein, um uns dahin abzuholen, wurden aber
durch heftigen Regen und eine schwere Krankheit des Br. Küster
genötigt bis zum 19. Oktober in der Capstadt zu verweilen, ehe
wir die Reise nach Gnadenthal antreten konnten. Noch fanden
wir die Flüsse so angelaufen, dass sie uns mehrere Tage

Aufenthalt verursachten, bis wir sie passieren konnten. – Meine Gefühle zu beschreiben, da wir am 28. Oktober von der letzten Anhöhe den Ort unsrer Bestimmung, Gnadenthal, vor uns liegen sahen, der Willkommen der Gemeine, ihre Segenswünsche für uns, der Dank zu Gott für unsre glückliche Reise, u.a.m. bin ich nicht vermögend. Mit Tränen stimmte auch mein Herz in den Lobgesang ein: Nun danket alle Gott für alle bisher erfahrene Gnade und Durchhilfe, die Er uns auf unsrer langen Reise hat genießen lassen. – Am Abend war eine allgemeine Versammlung, in welcher dem Heiland unter einem ganz besonderen Gefühl für unsere glückliche Ankunft gedankt wurde. – Viel ist durch Gottes Gnade in den 15 Jahren von 1792, da die Mission durch 3 Brüder erneuert worden, bis jetzt an den armen Hottentotten geschehen. Es ist wahr, was so oft in den Versammlungen von ihnen gesungen wird: Der Herr hat viel an uns getan, wie könnten wir der Freude wehren? Obgleich nicht zu leugnen ist, dass auch Schwachheiten und Fehler mit unterlaufen, so ist doch nicht zu verkennen, dass sich das Wort vom Kreuz als eine Kraft Gottes an ihrem Herzen beweist. – Neben der äußren Arbeit war es mein Hauptanliegen, mich mit der holländischen Sprache bekannt zu machen, wobei die ältern Brüder sich meiner treulich annahmen. Zu großer Aufmunterung gereichte es mir, dass ich in den Versammlungen meist alles verstehen konnte. – So gern wir hier geblieben wären, dem Herrn nach unsrem geringen Vermögen zu dienen, so war bereits von Ihm uns ein neues Arbeitsfeld bestimmt, demnach war unser Wohnen in Gnadenthal von kurzer Dauer. – Bei einem Besuch des englischen Gouverneurs Lord Calledon in Gnadenthal ersuchte derselbe die Brüder, einen zweiten Missionsplatz in der Groenekloof, 7 Meilen von der Capstadt, anzulegen, wozu er ihnen die dort befindlichen Gebäude und Ländereien schriftlich zusicherte. Es erhielten die Geschwister Kohrhammer und wir im März 1808 den Auftrag, diesen Posten anzufangen. Dem zufolge reisten wir den 13. gedachten Monats in Begleitung der Geschwister Küster von Gnadenthal ab und kamen am 24. über die Capstadt in der

Groenekloof an. – Am nächsten Sonntag, den 26. März besuchten wir die in der Lauwskloof unter dem Captain Klapmus wohnenden Hottentotten, 100 Personen an der Zahl. – Dieser Platz ist ¾ Stunden von Groenekloof entfernt. – Den Zweck unsers Besuchs machte ihnen Br. Kohrhammer in einer Rede bekannt, dass wir nämlich von Gnadenthal gekommen wären, sie mit ihrem Gott und Heiland bekannt zu machen, und wer von ihnen ein Verlangen in seinem Herzen danach fühlte, der möchte zu uns nach der Groenekloof kommen. Mit Freude und Dank wurde die Einladung angenommen; darauf kamen in Zeit von 8 Tagen meist alle und baten, dass wir uns ihrer annehmen und ihre Namen aufschreiben möchten. – Unter dem Beistand Gottes wurden die Versammlungen, Schulen und Unterricht begonnen, und der Heiland bekannte sich zu allem recht gnädig. – In der darauf folgenden Marterwoche und Osterfeiertagen waren die meisten in den Versammlungen aufmerksame Zuhörer der Geschichte von Jesu Leiden und Tod, was einen tiefen Eindruck auf viele Herzen gemacht hat, wie sie uns später bezeugten. – Da uns der Heiland hierher berufen hat, so wollen wir aus Liebe und Dankbarkeit unsre schwachen Kräfte in seinem Dienst anwenden, so lange Er uns Vermögen, Kraft und Gesundheit dazu schenkt. – Auch diese neue Missions-Niederlassung hat manches schwere und drückende, ist aber auch an Freude und Tröstungen reich, wenn sich die Gnade Jesu Christi durch das Evangelium an den Herzen als Kraft Gottes beweist und wir dadurch dem guten Hirten seine teuer erworbenen Schäflein zuführen dürfen, dass eine lebendige Gemeine Jesu gesammelt wird, so vermehrt, dass der Mut getrost auf des Herren Wort fort zu arbeiten und alles auf Ihn zu wagen. – Ach, wie musste ich mein Unvermögen zu dem, was mir der Heiland aufgetragen hatte, fühlen, aber treu ist er und barmherzig. Wenn ich mich mit meiner Armut und Unvermögen Ihm zu Füßen warf, und um Kraft und Beistand bat, so war er immer bereit mit zu helfen und hat meine Bitten stets erfüllt. Es war erfreulich und ermunternd für uns, wie der Sünderfreund Jesus ein Herz nach dem andern durch das Wort vom Kreuz zur Erkenntnis der Wahrheit und in die selige Gemeinschaft mit sich zog, dass sie durch Wort und Wandel bewiesen, was Gott an ihren Seelen getan hatte. – Aber leider zeigte sich auch bald, dass der Feind geschäftig sei, das gesäte Wort aus den Herzen zu rauben, dass nicht alle der Stimme des guten Hirten Gehör geben wollten, sondern lieber den Werken der Finsternis dienten, und gegen unser Warnen und Bitten in ihren schändlichen Lastern beharrten, andre treu Gesinnte störten und in ihre finstern Werke zu verflechten suchten. Da dieser Leute böse Werke offenbar wurden und sie dieselben nicht ungehindert fortsetzen konnten, so machten sie sich in der Stille davon, oder wir rieten ihnen, uns zu verlassen. – Anno 1809. – Es fehlte in den ersten Jahren nicht an Schmach, Spott und Lügen, die von uns und unsern Orts-Einwohnern in der Umgegend von Groenekloof ausgestreut wurden, um solche Hottentotten, die Verlangen in ihrem Herzen fühlten Gottes Wort hier zu hören, von ihrem Vorhaben, zu uns zu kommen, abzuschrecken; aber diese ließen sich dadurch in ihrem Vorsatz nicht irre machen, dem Zug Gottes zu folgen und sich nach erhaltener Erlaubnis bei uns anzubauen. – In allem verarmt kamen die Leute von den Bauren, bei denen sie Jahre lang im Dienst waren, bei uns an; was einen zum innigsten Mitleid bewegen konnte. Diesen Armen die Liebe Jesu und sein Heil sowohl öffentlich als privatim zu verkündigen, auch im Äußern beizustehen und nützlich zu sein, war mir Freude, wenn ich bemerkte, dass es ihnen nach Seel und Leib wohl ging und sich die Gnade Gottes kräftig an ihrem Herzen bewies. – Um das nötige Hausgerät, woran es ganz fehlte, zu machen; auch zu unserm Bestehn etwas beizutragen, fing ich meine Profession neben meinem Hauptberuf an, nahm einen Hottentotten-Knaben in die Lehre, besonders da seine sterbenden Mutter mir ihn empfohlen und mich kurz vor ihrem Heimgang gebeten hatte, väterlich für denselben zu sorgen. In der Folge gesellten sich diesem Lehrling noch zwei zu, die gute Fortschritte in Betrieb des Handwerks machten, wobei ich mich des Segens des Herrn über meine Arbeit zu erfreuen gehabt habe. – Sorgliche Gedanken wollten sich im Jahr 1810 unsrer Herzen bemächtigen, es fragte sich: wie es in Zukunft mit unserm Wohnen und Arbeiten in Groenekloof werden würde? Männer, die in hohen Ämtern standen, forderten arbeitsfähige Personen, welche auf unserm Platz wohnten, für den halben Lohn, nämlich 3 Thaler des Monats, nebst Kost für Gouverments-Arbeiten, da aber allgemein 6 Thaler monatlich bezahlt wurden, stieg die Not der armen Frauen und Kinder, deren Männer und Väter umso geringen Lohn arbeiten mussten, sehr hoch. Wir fühlten den Druck mit ihnen gleichmäßig, und wendeten uns um Abhilfe desselben mit flehentlichen Bitten zum Heiland. – Die Männer, die sich anfangs aus Gehorsam gegen die Obrigkeit, wozu wir sie ermahnten, dazu bequemten, aber dabei nicht bestehen konnten, erklärten sich offen gegen uns: dass sie, so gerne sie hier wären, wo sie und ihre Familien in Gottes Wort unterrichtet würden, aus Not den Platz verlassen müssten, wenn das Gouvernement keine Erhöhung ihres Lohns bewilligte. – Eine direkte Absicht des Lord Calledon, der den Brüdern den Platz Groenekloof gegeben hatte, war unstreitig diese: dass den Hottentotten durch die Brüder das Wort Gottes verkündiget würde. So hat er auch bei jeder Gelegenheit an den Tag gelegt, dieser armen Nation, soviel er nur vermochte, ihr äußeres Durchkommen zu erleichtern. – Da sich der edle Lord früher gegen uns ausgesprochen hatte, dass, wenn etwas Besonderes vorkommen sollte, oder bei den Behörden anzubringen wäre, wir uns geradewegs an Ihn wenden möchten, so machten wir in dieser Angelegenheit Gebrauch von seinem gnädigen Anerbieten und berichteten ihm diese Sache. – Er versicherte, dass dieser Befehl ohne sein Wissen und Willen gegeben worden wäre und sogleich befal er, diesem Übel abzuhelfen durch Auszahlung des vollen Lohns. – Wir dankten dem Heiland mit der Gemeine, dass Er unser Gebet und Flehen erhört und uns aus dieser Not geholfen hatte; und zogen daraus den Schluss, was wir in Zukunft bei etwaigen Veränderungen der Regierung uns zu versehen hätten.

Am 9. August 1811 erfuhr ich eine besondere Lebensbewahrung Gottes. Da vor einigen Tagen ein Teil der Männer von unserm Platz Groenekloof sich vereinigten, die Wölfe, welche ihnen großen Schaden an ihrem Vieh zufügten, womöglich aus unsrer Nähe zu vertreiben oder zu vertilgen. Da Br. Bonatz und ich die Männer aber zu diesem Zweck mehrmals aufgefordert hatten, so ritten wir mit, doch mit dem Vorsatz, keinen Anteil an der Jagd zu nehmen. Nicht lange nachdem sich die Männer von uns getrennt hatten, hörten wir mehrere Schüsse, worauf eines dieser Raubtiere, das verwundet war, seitwärts bei uns vorbei kam; dieses sollte in dem nächsten Dickicht, von kleinem Umfang, aufgesucht werden. Als einer der Männer, welcher im Dickicht war, sagte, dass er die Wolfsspur sähe, so ging Philipp Moses, der erwähnte Anführer des Jagdzuges, der bei mir an der Seite des Gebüsches stand, ging derselbe nachzusehen, um den Wolf aufzufinden; Da der Wolf am Tage nicht gefährlich ist, so folgte ich ihm. Hier habe ich leider den Vorsatz: keinen Teil an der Jagd zu nehmen, vergessen. Kaum bei P. Moses angekommen, sahen wir zu unserm Schrecken einen Tiger, der erst die Flucht nehmen wollte, aber durch das Geschrei der Männer, die an der Seite, wohin er lief, standen, erschreckt und wild gemacht, mit gewaltigen Sprüngen wieder rückwärts über das Gebüsch hinweg setzte, worauf wir ihn aus dem Gesicht verloren. Der Anblick des Tigers, seine Kraft und Geschmeidigkeit, vermehrte die Furcht davor in mir. Ich ging dennoch zu P. Moses und sagte ihm: „Lass uns hinausgehen, hier ist Gefahr," er antwortete mir: Ja wohl, wir wollen es gleich tun; und fügte bei, in der Meinung mich zu schützen, ich möchte nur dichte hinter ihm bleiben. Noch nicht 20 Schritte gegangen, machte das wütende Tier, welches wir jetzt nicht gesehen hatten, einen Sprung von 20 Fuß auf P.M., packt ihn mit seinen Fangzähnen im Gesicht, und mit beiden Vorderfüßen auf den Schultern, und reißt den kräftigen Hottentotten nieder, so dass der Mann auf den Tiger fällt, dieser aber mit Beißen und Brummen wütend anhält. – Den Anblick, wie der Tiger, gleich einem Vogel in der Luft, auf meinen

Beschützer sich stürzte und ihn niederriss, bleibt mit unvergesslich, denn es schien mir ausgemacht, dass, wenn Gott uns nicht helfe, wir beide des Todes sein würden. Ich rief auch Gott in dem Augenblick um seine Hilfe an, und gewiss haben wir dieselbe in reichem Maß erfahren. – Nun wollte ich Gebrauch von meinem Gewehr machen, es war aber unmöglich, dem Tier einen sicheren Schuss beizubringen, ohne Gefahr, den Mann tödlich zu verwunden. In der Furcht, ihn in den Zähnen und Krallen des Tiers jämmerlich umkommen zu sehen, fasste ich schnell den Entschluss, mein Gewehr weg zu werfen, und mit Gottes Hilfe den Tiger bei dem Hals oder Ohren zu fassen, und ihn so lange zu halten, bis mir die Männer, die in der Nähe waren, zu Hilfe kommen würden. Da ich ihm aber ganz nahe kam, um ihn anzufassen, verließ er schnell P. Moses, und fuhr wütend auf mich zu, dass mir im Augenblick nur so viel Zeit blieb, mein Gesicht durch meinen linken Arm zu schützen, den der Tiger beim Ellenbogen fasste und unter Knurren zerrte, um mich auf die Erde zu bringen; in demselben Moment, da der Tiger meinen Arm packte, blieb für mich kein andrer Rat übrig, als ihn mit meiner rechten Hand so viel wie möglich durch Zusammenpressen der Kehle, bei der ich ihn ergriff, zu entkräften; weil aber die Stelle am Abhang des Berges, und weil es auf dem Gras glatt war, so dass ich in Gefahr kam zu fallen, wobei der Tiger mich leicht im Gesicht hätte fassen können, wendete ich alle Kraft an, mich so lang als möglich auf den Füßen zu erhalten, in der Hoffnung, dass mir die Männer bald zu Hilfe kommen würden. Da dieses aber nicht geschah, so musste ich der Kraft des Tigers nachgeben und mich mit ihm niederwerfen. Glücklicherweise kam mein Knie auf die Magengegend des Tieres, es hielt aber meinen Arm fest, bis ich einen seiner Vorderfüße, mit denen er schrecklich arbeitete, ergriff; dadurch dass ich ihn mit meiner rechten Hand am Hals verließ, ließ er auch meinen linken Arm los und kam mit seinem Maul mir ganz nahe ans Gesicht. Obgleich dieser Kampf im Ganzen gefahrvoll war für mich, so war er es doch besonders in

<u>diesem</u> Augenblick. Ich erfuhr auch eben da die Hilfe und den Beistand Gottes auf eine ausgezeichnete Weise. Dadurch gestärkt, ergriff ich den Tiger mit meinem verwundeten Arm, von dem das Blut herabfloss, wieder bei dem Hals und schrie nun um Hilfe, denn es schien mir unmöglich, das rasende Tier, welches sich mit aller Macht wehrte und schrie, länger halten zu können. Es eilten darauf einige Männer zu meiner Hilfe herbei, davon einer dichte bei mir stehend, das Gewehr auf meinen Arm legte, und den Tiger durchs Herz Schoss, - Es könnte hier gefragt werden: Warum sind die Männer dir nicht früher zu Hilfe gekommen, da sie doch so nahe waren? – Alle haben meine Gefahr nicht wissen können, und ein Teil mag sich auch gefürchtet haben, die Lebensgefahr mit mir zu teilen. So habe ich sie gern entschuldigt. – Philipp Moses hat alles getan, was in seinen Kräften stand, mir zu helfen, er hat auch, da ich noch aufrecht stehend mit dem Tiger kämpfte, ihm einen Schuss beizubringen gesucht, aber der arme Mann blutete so stark im Gesicht, dass er nicht sehen konnte, und sein Blut aufs Gewehr und Pulver lief. Er weinte vor Betrübnis, dass er mir nicht helfen konnte. – Von Anstrengung und Schreck erschöpft, wozu sich auch gleich heftige Schmerzen in meinem Arm einstellten, verließen wir, ich darf wohl sagen, diesen Kampfplatz. – So traurig und niedergedrückt ich mich auf dem Heimweg fühlte, war doch mein Herz voll Dankbarkeit gegen den Heiland, für Seine treue Unterstützung und unsrer beider Lebensrettung. Bei der Untersuchung zu Hause fanden wir, dass mir das Tier 12 Wunden mit seinen Fangzähnen am Ellenbogen, zum Teil tief in den Knochen beigebracht und mit einer seiner Krallen den Daumennagel gespalten hatte. Die Mittel, welche in den ersten Tagen angewendet wurden, waren nicht hinreichend mein Blut vor Entzündung zu schützen, sie stieg mit jeder Stunde, so, dass am sechsten Tag, als der Arzt sich endlich einfand, er sich genötigt sah, mich von meinem schon im höchsten Grad entzündeten Blut so viel als möglich zu befreien, wobei ich vor Schwachheit nichts mehr von mir wusste. Der Arzt sagte, dass

mir 12 Stunden später nicht mehr zu helfen gewesen wäre. –
Meine liebe Frau und die Geschwister haben in dieser Zeit Tag
und Nacht viel Mühe und Sorge meinetwegen gehabt, und nichts
gespart, was zur Erleichterung meiner Schmerzen dienlich war.
Nach Verlauf von 6 Wochen war meine Gesundheit so weit
hergestellt, dass ich meine Geschäfte wieder anfangen konnte.
Wie oft habe ich in spätern Jahren über diese Geschichte, die so
nachteilig für meine Gesundheit war, nachgedacht, und die Frage
bei mir aufgeworfen: wie kam es doch, dass dem Br. Bonatz und
mir einfallen konnte, jene Männer auf den Weg zu begleiten, da
es sonst nie einem von uns einfiel, auf die Jagd zu gehen? – Ich
kann darauf nur folgendes antworten: Wir fühlten uns dazu
gedrungen, sie zu begleiten, weil wir sie zur Wolfsjagd selbst
aufgefordert hatten. – Diese Jagd war ja auch an sich, weder für
die Hottentotten noch für uns sehr gefährlich; und im
schlimmsten Fall durften wir doch hoffen, ihnen einige Hilfe
leisten zu können. Die Liebe bewog uns, in diesem Augenblick zu
tun, was wir sonst nie getan hätten. Ich musste übrigens die
Folgen jenes Kampfes schwer empfinde, indem Kränklichkeit im
folgenden Jahr 1812 mich nötigte ärztliche Hilfe zu suchen. Der
Arzt sowie die Geschwister rieten mir, das Bad Calledon zu
meiner Stärkung zu brauchen. Gott gab Gedeihen, dass diese
Badekur meine Gesundheit wieder herstellte und mich aufs Neue
kräftigte.

Anmerkung: Ich kann nicht umhin, hier noch zu
erwähnen, dass P. Moses, dessen Gesicht sehr verwundet
war, das Netz des getöteten Tigers auf seine Wunden legte,
und das hatte den guten Erfolg, dass Moses leichter und
in weniger Zeit als ich wieder hergestellt war, noch behielt
er große Narben auf seiner Nase. -

Oberwähnten ärzt- und geschwisterlichen Rat befolgend, reiste
ich mit meiner lieben Frau im August desselben Jahres nach
Calledon und kehrte nach 3wöchentlichem Gebrauch dieser
Heilquelle mit dankerfülltem Herzen zurück nach _Groenekloof,
um in meinen Geschäften fortzufahren. – Der Besuch, den wir bei

dieser Gelegenheit in Gnadenthal machten, gereichte uns zu besondern Segen für unsre Herzen. Wir waren mit Lob und Dank angefüllt gegen unsern lieben Herrn für die große Gnade, die er fortwährend dieser Gemeine in so reichem Maß zu Teil werden ließ, und baten Ihn, dass Er ferner mit seiner Gnade unter ihnen bleiben wolle. – In den Jahren 1813 und 14 gab es mancherlei drückende Umstände in unserer Gemeine zu erfahren. Wir suchten bei der Regierung um Erlaubnis nach, eine Kirche zu bauen, das wurde uns aber geradezu abgeschlagen. Gleich darauf fand ein Wechsel der Gouverneure statt. – Bei dem neu angekommenen waren wir durch unsre Feinde sehr angeschwärzt, weil diese die Hottentotten beneideten, dass sie einen so fruchtbaren Landesstrich besaßen. Deswegen kam der neue Gouverneur mit etlichen seiner Räte, in großer Heftigkeit uns zu befehlen, den Platz zu verlassen, und machte uns dabei die bittersten Vorwürfe, dass unsre Hottentotten nur ein unsittliches und liederliches Leben führten. – Da Geschw. Bonatz um jene Zeit nach Gnadenthal verlangt wurden waren, standen wir allein und konnten uns mit niemand beraten, um desto inniger aber seufzten wir zum Heiland. Er möchte uns die Worte in den Mund legen, die wir dem Gouverneur als Antwort zu geben hätten. – Der Heiland gab uns auch Mut und Festigkeit zu antworten: Wir würden aushalten, bis wir nähere Weisungen unsrer Direktion aus Europa hätten. – Der Gouverneur sah ein, dass er nichts erzwingen konnte, hielt aber doch an mit Forderungen, die uns schwer fielen zu erfüllen. – Da diese Nachrichten an die U.A.C. gelangt waren, so erhielt Br. Latrobe im Jahr 1815 den Auftrag zu einem Besuch bei uns, wo er auch noch zu Ende desselben Jahres eintraf. Br. Latrobe war auch bald so glücklich den Gouverneur zu überzeugen, dass er falsch berichtet sei, so dass dieser herauf unser bester Gönner wurde. – Wir erhielten auch Erlaubnis die Kirche zu bauen, wozu den 30. August 1816 der Grundstein gelegt wurde. Mein Herz ward dabei mit Freude und Dank gegen den Heiland erfüllt, der der Menschen Herzen wie Wasserbäche leitet. – Es wurde mir der

Auftrag diesen Bau zu übernehmen; und ich fing mein Werk im Namen des Herrn mit Mut und Eifer an; auch ging alles gut vonstatten. – Durch die Anstrengung aber hatte meine Gesundheit gelitten, ich wurde ernstlich krank, doch mit Gottes Hilfe genas ich bald wieder. – Die Kirche wurde den 8. Februar 1818 eingeweiht, ich hielt die erste Predigt darin, was mir große Gnade war.

Im Jahr 1816 bekamen wir den Auftrag in Begleitung des Bruder Latrobe eine Recognoscirungsreise ins Unterland zu machen, um einen dritten Missionsplatz auszuführen, den wir auch so glücklich waren, ausfindig zu machen. Als wir im Oktober 1817 den Auftrag erhielten, die Mission am Witerivier anzufangen, kam es mir nicht leicht an, denn die bangen Vorgefühle der Schwierigkeiten, die mir bei diesem Auftrag bevorstanden, haben sich leider in der Folge bestätigt, aber es war der Wille des Herrn und darum konnten wir auch getrost seinem Worte folgen.

Nach einem wehmütigen Abschied von unsrer lieben Gemeine in Groenekloof traten wir mit noch zwei ledigen Brüdern den 15. Februar 1818 unsre Reise über Gnadenthal nach dem Witerevier an und trafen nach einer ziemlich beschwerlichen Reise den 7. April an dem bezeichneten Platz ein. Es war eine mit Dornbüschen bewachsene Gegend. Wir fingen an, das Land urbar zu machen und reparierten einige dort gefundene alte Hütten zum einstweiligen Aufenthalt. –

Mit den 2 Lehrknaben, welche mein lieber Mann – schreibt Schwester Schmitt weiter – von Groenekloof mitgebracht hatte, fing er bald an Holzwerk zu recht zu machen, zu größren Häusern. Es sammelten sich auch die Hottentotten von allen Seiten, so, dass sich in kurzer Zeit ihre Zahl über 100 belief und es schien, als würde es eine blühende Gemeine, wofür wir dem Herrn herzlich dankten, denn es machte uns Mut. Aber der verheerende Kaffern-Krieg, welcher schon seinen Anfang genommen vor unsrer Abreise vom Oberland, verbreitete sich immer mehr nach unsrer Gegend, und die Plätze unsrer

Nachbarn waren schon durch sie verwüstet und versengt, denn alles was ihnen in den Weg kam ermordeten und verbrannten sie. Wir standen nur noch ganz allein in der Gegend da, hofften aber doch, sie würden uns umgehen, dennoch sollten wir schwere Erfahrungen machen. – Den 9. Februar 1819 fielen sie unsere Viehhirten, nur ohngefähr 5 Minuten von unsern Ort an und raubten über 200 Stück Vieh. Unsre Hottentotten stellten sich wohl zur Wehr, aber ohne Erfolg. Nun fanden wir es am ratsamsten, uns in unsre Häuser zu verschanzen, und des Nachts Wache halten zu lassen. Am 14. April aber kamen sie zum zweitenmal auf unsre Viehplätze, fielen die Hirten an und ermordeten 9 Männer, alles Familien-Väter, der Jammer war unbeschreiblich. Auch nahmen sie den Überrest des Viehes mit sich fort, dessen Zahl 400 Stück machte. – Nun sahen wir uns genötigt, den Platz zu verlassen, wendeten uns daher an den Land-Drost ihn um Militärhilfe zu bitten, die er uns auch alsbald sendete. – Wir begaben uns dann unter dessen Schutz, mit der ganzen Gemeine auf den Weg nach Uitenhagen, wo wir unter Lob und Dank für Gottes gnädige Bewahrung den 19. April ankamen. –

Wir befürchteten sehr, unsre Gemeine möchte Schaden leiden, mein lieber Mann bat deshalb den Heiland inständig, dieselbe doch vor Verführung zu bewahren. Umso mehr fanden wir Ursache zum Danken, da der Land-Drost schon alle Vorbereitung getroffen hatte, unsre Schulen und Versammlungen fortsetzen z können wie früher. – Auch alle dortigen Einwohner bewiesen sich teilnehmend und unterstützten uns, so viel ihnen möglich war. – Wir blieben 7 Monate dort und erkannten auch darin die Güte des Herrn, dass er unsre Gemeine nicht nur so zusammenhielt, sondern gar noch vermehrte. – Da es nun schien, dass der verheerende Kaffern-Krieg sich seinem Ende näherte, so entschlossen wir uns mit unsrer Gemeine den 25. Oktober wieder zurückzukehren.
Als wir an unsren alten Wohnort im Witerevier ankamen, fanden wir alles verwüstet und verheert, beschlossen deshalb, den Fluss

etwas weiter abwärts zu ziehen und uns da anzubauen. Die Losung unsres Ankunftstages hieß: Ich will über sie wachen, zu bauen und zu pflanzen. Dieses Wort nahmen wir, als aus dem Mund des Herrn gesagt, an, und fingen unser Werk in seinem Namen getrost an. Es gelang meinem lieben Mann bald, gute Wohnungen für drei Paar Geschwister und eine einstweilige Kirche daselbst aufzubauen; letztere wurde den 12. Mai 1821 eingeweiht. – In dieser Zeit kamen Geschwister aus Europa uns zur Hilfe. – Mein lieber Mann litt damals lange Zeit an einer entzündlichen Unterleibs-Krankheit, die ihn dem Tode nahe brachte und öfters sich wiederholte. Wenn schon nach und nach er sich wieder besser fühlte, so bewog ihn dieses doch, bei der U.A.C. um seine Ablösung zu bitten, welche ihm auch im Jahr 1826 gewährt wurde. Doch verzog sich unsre Abreise bis zu Anfang des Jahres 1827. – Den 27. Februar verließen wir unser liebes Enon in einem wirklich blühenden Zustand. Unsre Herzen waren voll innigen Lob und Dankes für die oft erfahrene wunderbare Durchhilfe des Heilandes im Innern und Äußern bei allen schweren Vorkommenheiten. – Wir reisten zuerst nach Gnadenthal, wo die Geschwister uns ersuchten, noch einige Monate zu bleiben und Geschwister Hallbecks Geschäfte zu besorgen während deren Reise ins Tambucki Land.
Ende Oktober reisten wir wieder nach Groenekloof; die Freude der dortigen Hottentotten war sehr groß, ihren geliebten Lehrer noch einmal zu sehen. – Hier blieben wir bis Februar 1828, wo wir am 16. des Monats unsre Seereise mit 4 Kindern antraten. In den ersten Tagen der Fahrt war mein lieber Mann so sehr krank, dass man sein Ende nahe glaubte. Er war ganz in des Herrn Willen ergeben, wenn er auch sein Grab in der See finden sollte. Ich flehte wohl um seine Genesung und der Heiland erhörte mein Gebet und ließ ihn wieder gesund werden. – Die Seereise ging gut und wir kamen den 13. Mai alle wohlbehalten in London an. In England hielten wir uns 8 Wochen auf, besuchten auch noch einmal meine 89jährige Mutter, welche sich sehr freute, uns vor ihrem Ende noch zu sehen. – Anfangs August kamen wir in

Kleinwelke an und gaben die 4 Kinder in die Anstalt ab. – Auf Einladung unsrer hiesigen Verwandten reisten wir im Oktober auf Besuch hierher, verbrachten den Winter hier, und machten im Frühjahr 1829 einen Besuch in der Heimat meines lieben Mannes. Im Herbst desselben Jahres kamen wir wieder zurück nach Ebersdorf, und beschlossen dann, unsren Ruheplatz hier zu nehmen; wurden auch von unsren lieben Verwandten so wie von den Geschwistern liebreich aufgenommen. – Die Gesundheit meines lieben Mannes schien sich in den ersten hier verbrachten Jahren zu bessern, so dass er sich öfters in seine frühere Tätigkeit versetzt wünschte. Doch später litt er immer mehr an Gichtschmerzen an den Beinen, so dass ihm das Gehen schwerer wurde; am meisten schmerzte es ihn aber, dadurch öfters an dem Besuch der Versammlungen verhindert zu werden. – Im Laufe dieses Sommers – 1846 – äußerte er mehrmals: er fühle dass ihm eine Krankheit bevorstände. Anfang Dezember bekam er ein kathartisches Fieber, indes schien es in den ersten 2 Wochen nicht bedenklich; auch er selbst glaubte nicht, dass es zu seinem Ende gemeint sei. Da aber mehrere Rückfälle kamen und dadurch die Schwäche überhand nahm, so erklärte er mir: er fühle nun wohl, dass sein Heimgang nahe sei und ermahnte mich dabei recht liebreich, ich möchte mich in des Herrn Willen fügen, Er würde gewiss für mich sorgen. – Er aber sei fertig und bereit, der Heiland möge kommen, wenn es Ihm beliebe er freue sich sehr, zu Ihm zu kommen und Den zu schauen Den er hier geliebt. – Am 25. Dezember wurde ihm auf sein Verlangen im Beisein seiner Verwandten und mehrerer Freunde unter einem lieblichen Gefühl der Segen des Herrn zu seiner Heimfahrt erteilt. – Die Schwäche nahm immer mehr zu und er sehnte sich in den folgenden Tagen unbeschreiblich nach seiner Auflösung. – Er trug die Beängstigungen mit großer Geduld und nie hörte man ihn klagen.
Den ersten Januar merkte man, dass eine Veränderung mit ihm vorgegangen, es wurden ihm noch mehrere Heimgangs-Verse gesungen, wobei er öfters die matten Lippen bewegte, auch zu

erkennen gab, man möge mehr singen. – Um halb sechs Uhr abends stand sein Atem fast ganz unbemerkt stille und er ging sehr sanft in die Arme seines Erlösers über im Alter von 81 Jahren weniger 5 Tagen.

So schmerzlich mir nun, seit 40jährigen glücklichen Eheleben diese Trennung ist, gönne ich ihm doch von Herzen sein schönes Los, nun bereit zu sein von aller Schwachheit und Schmerzen und daheim zu sein bei Christo seinem Herrn. – Ich danke dem Heiland, dass er mir an meinem nun seligen Mann eine so lange Reihe von Jahren einen lieben und treuen Freund, Lehrer und Berater gegeben, der stets für mich sorgte, und meine Mängel und Versehen mit viel Geduld getragen hat. – Der Heiland wolle ihn nun für alle Liebe und Treue, die er an mir erwiesen, einen reichen Gnadenlohn zuteilwerden lassen. Soweit seine hinterlassene Witwe.

Der Wandel unsers seligen Bruders in unsrer Mitte ist zu bekannt und sein eigenhändiger Lebenslauf spricht zu deutlich die ganze Gesinnung seines Herzens aus, als dass es noch vieler Worte von unserer Seite bedürfte.

So lang es seine Kräfte erlaubten, diente er der Gemeine, wo und wie er konnte, auch durch Halten der Versammlungen und als mehrjähriges Mitglied des Aufseher-Collegiums. Als ihm dies in den letzten Jahren nicht mehr möglich war, so lebte doch noch sein Herz für die Sache seines Herrn und besonders für seine lieben Hottentotten. Sobald er darauf zu reden kam, wurde sein Geist immer wieder aufs Neue lebendig. Dabei war er mit seinem nur von Gnade lebenden und in ihr seligem Herzen bis zuletzt unter uns durch seinen Wandel ein kräftiges Zeugnis dessen, was diese Gnade an den Herzen tut, und das Bild eines Patriarchen, der des Tages Last und Hitze getragen und nun schon im Voraus äußerlich und innerlich die Ruhe genießt, die noch vorhanden ist dem Volke Gottes. Auch die Unterhaltung mit ihm war dadurch, dass man es hörte und fühlte, worin sein Herz lebte, und durch sein entschiedenes offenes Bekenntnis der Wahrheit, zumal bei der Treue und Aufrichtigkeit seiner Sinnesart und den Eindruck, den jeder davon haben musste, nicht nur die, welche ihn näher kannten, sondern auch für fremde Besuchende und Freunde, woran es nicht fehlte, ein erweckliches und stärkendes Zeugnis und ein Segen, den ihm viele noch danken werden. Nun hat der Herr seinem treuen Diener das gegeben, dem er mit Freude aber auch mit Geduld entgegen sah. Sein Ende umgab der Friede Gottes auf eine liebliche Weise. Wie aber sein Herz brannte, für seinen Erlöser etwas tun zu dürfen, davon zeugte unter andern eine Äußerung von ihm in seinen letzten Tagen, er hoffe zuversichtlich auch dort noch unwissenden Seelen die Gnade in Jesu Blut verkündigen zu dürfen. Gewiss ist ihm mehr geschehen, als er gehofft und erwartet hat.

Von den mancherlei erbaulichen Herzensergießungen, die sich in den Papieren des seligen Bruders finden, stehe hier nur die eine zum Schluss, vom 23. Dezember 1837.
Heut sind es 50 Jahre, da wir beide, meine Frau und ich, zur Gemeine kamen, meine Frau in Fairfield und ich in Niesky mit der Losung: Ich werde bleiben im Hause des Herrn immerdar. Herr Jesu, 50 Jahre sind es, dass wir die unverdiente Gnade genießen, bei deinem Volk, das auf Dich und Deinen Versöhnungs-Tod gegründet ist, als Glieder desselben Anteil nehmen zu dürfen an den Heilsgütern, die du uns so sauer erworben hast. O könnten wir Dich für Dein Erbarmen nach Würden loben und ehren, denn Du Herr Jesu hast Dich immer als der treue Hirte an uns bewiesen und bist nie müde geworden zu heilen, zu trösten und zu segnen. Auch waren wir nicht zu gering uns aufzurufen Zeugen Deines Todes zu sein unter den Heiden und zu sehn, was Dein Blut an den Sündern tut. Ach, wenn wir doch jetzt nach so vielen Jahren, nach so vielen Proben Deiner Treue, Dir ganz zur Freude wären, und Dir auf die Frage: „Hast du mich lieb?" getrost und mit voller Überzeugung die Antwort geben könnten: „Ja, Herr. Du weißt alle Dinge, Du weißt, dass ich Dich liebe.

So nimm denn Herr Jesu unsern geringen Dank von uns deinen armen Kindern für alle Deine Liebe. Tilge alle unsre Sünden mit deinem versöhnenden Blut, dass wir vor Dir bestehen können, und schenke uns die Gnade, noch am Abend unsers Lebens Dir ganz zur Freude zu werden. Amen.

15. Marianne Ringold (1721-1796)

Lebenslauf der Schwester Marianne Ringold, heimgegangen den 17. Juni 1796 in Ebersdorf.
(Da sie seit ihrem 15 Jahre blind war, so hat sie nachstehenden Aufsatz in die Feder diktiert.)
Meine Eltern waren Flüchtlinge, die um der Religion willen im Jahre 1720 aus Frankreich auswanderten. Sie ließen ihr Vermögen im Stiche und befanden sich in großer Dürftigkeit. Über Kassel reisten sie nach Magdeburg, wo selbst ich am 14. März 1721 geboren wurde. Ich hatte also in dem Stück etwas mit dem Jesuskind gemein. Sobald meine Mutter etwas imstande war, weiter zu reisen, setzten sie ihren Weg nach Berlin fort, da ich dann 2 Jahre und 3 Monate bei ihnen war. Weil meine Mutter mich zärtlich liebte, und nicht mehr lange zu leben vermutete, so reiste sie nach Prenzlau und nahm mich mit, in der Hoffnung, dass ihre Tante, welche sie und ihre zwei Schwestern erzogen hatte, auch mich in ihre Pflege aufnehmen würde, welches auch geschah. Diese meine Großtante war in Kondition bei einer Gräfin und hatte meiner Mutter Schwester bei sich, welcher ich dann zur Pflege übergeben wurde. Meine Mutter ging nach 2 Monaten aus der Zeit, und mein Vater reiste wieder nach Frankreich. Meine Großtante bewies sich sehr mütterlich gegen mich, doch war ich in meinem dritten Jahr und bis ins vierte der Aufsicht der lieben Engel fast allein überlassen. Meine liebe Pflegemutter war nämlich ihrer vielen Geschäfte wegen oft wochenlang nicht zu Hause, und meine Tante, welche noch sehr jung war, hatte auch nicht viel Zeit, bei mir zu bleiben. So war ich denn meist ganz alleine. Wenn ich früh erwachte, fand ich mein Brot auf meinem Bette, und des Mittags langte mir jemand ein bisschen Essen zum Fenster hinein, da denn der lieben Engel Wache mich vor manchem Unglück bewahrte, indem ich einige mal sehr schwer fiel, ohne den geringsten Schaden zu nehmen. Meine Pflegemutter, welcher ich sehr am Herzen lag, bat daher ihre Gräfin dringend um ihren Abschied, und zog mit mir und ihrer

Tochter nach Prenzlau, wo selbst ich anderthalb Jahre in ihrer Pflege mich befand. Während der Zeit kam letztere in Kondition, und erstere musste auf inständiges Bitten ihrer Gräfin wieder zu derselben zurückkehren. Da sie mich nun nicht bei sich behalten konnte, so gab sie mich zu ordentlichen Leuten in die Kost, bei denen ich ein halbes Jahr in guter Aufsicht war. Durch Veranstaltung meiner Tante kam ich wieder zu anderen Leuten, in der Absicht, etwas zu lernen. Dies war aber zu meinem großen Unglück, indem ich durch schlechte Gesellschaft zu allerlei Bösem verleitet wurde. Sobald meine Großtante davon benachrichtigt ward, kam sie selbst und nahm mich mit aufs Land, wo sie mich zu Bauersleuten in die Kost gab. Sie hatte mich sehr offenherzig gegen sich gewöhnt, und als sie mich nun um alles, was an letzterem Orte vorgekommen, befragte, erzählte ich ihr alles recht kindlich, ich war in meinem siebenten Jahr, da sie dann mit sehr wehmütiger Stimme zu mir sagte: "Ach mein Kind, sie haben deine Seele getötet!"

Diese Worte durchdrangen mir mein Herz, so jung ich war, und von dieser Zeit an bin ich nie ganz ruhig gewesen. Sie gab sich viel Mühe, mich im Lesen zu unterweisen, ließ mich auch die deutsche Schule besuchen. Im Jahr 1728 bekam ich die Blattern, und litt Schaden an meinem Gesicht. Bei der Gelegenheit bat sich meine Pflegemutter eine Wohnung bei ihrer Gräfin aus, um mich selbst pflegen zu können, welche sie auch erhielt, und mit mir allein zog. Diese gute Pflege genoss ich aber nicht lange, indem sie nach einem Jahre aus der Zeit ging. Acht Tage vor ihrem Ende ließ sie einen reformierten Prediger zu sich kommen, dem sie meine fernere Erziehung und Versorgung angelegentlich empfahl. Das Konsistorium in Prenzlau nahm sich dann meiner an, und versorgte mich, bis meine jüngste Tante, welche in Oberschlesien im Kondition stand, Nachricht davon bekam, und mich abholte, da ich dann im Jahr 1730 mit ihr nach Berlin reiste, wo ich zu einem Augenarzt in die Kur kam. Hier ging es mir im Innern und Äußern recht gut. Der Heiland segnete diese Kur, dass ich doch so viel sehen konnte, um überall allein gehen zu können. Das dasige Konsistorium der französischen Gemeine nahm sich meiner als einer armen Waisen mitleidsvoll an, und zahlte Kost und Kur. Während dieser Zeit kam mein Vater aus Frankreich zurück, suchte mich auf, und wollte mich bei sich behalten, oder ins französische Waisenhaus zur Versorgung bringen. Ich hatte aber zu keinem von beiden die geringste Neigung. Diese Umstände brachten mich in große Verlegenheit, und ich sagte oft zum lieben Gott, warum er mich nicht lieber, statt mich blind werden zu lassen, zu sich genommen hätte? Da wäre ich doch selig gewesen, nun aber müsste ich verloren gehen, und von außen könnte ich in der Welt nicht durchkommen. Meine Tante beschloss dann auf Zureden meines Großvaters, der in eben der Zeit gekommen war, um seine Tochter noch einmal zu sehen, mich mit sich nach Oberschlesien zu nehmen. Meine älteste Tante, welche durch den Abt Steinmetz erweckt worden, heiratete um diese Zeit, und zog nach Schönbrunn, einem Gute des Bruders Ernst Julius von Seidlitz, und ich kam zu ihr dahin. Aber wegen der wunderlichen Launen ihres Mannes hatte ich eine schwere Zeit, war auch in meinem Herzen voll Unruhe und hielt mich von Gott und Menschen verlassen.

In meinem 14. Jahr ging ich zum ersten Mal zum Heiligen Abendmahl in der lutherischen Kirche. Der Heiland kam mir bei dieser Gelegenheit recht kräftig an mein Herz, und ich sah ein, was für ein verdorbenes Kind ich sei.

In meinem 15. Jahr hatte ich eine heftige Krankheit zu bestehen. Diese nun und das harte Verfahren meiner Verwandten, dazu auch die beständige Verdammung meines Herzens, versetzten mich in jämmerliche Umstände, dass ich des geplagten Lebens recht satt und müde wurde, wobei ich eine Widrigkeit und Feindschaft gegen Gott fühlte, und böse darüber war, dass er mich geschaffen, da er doch sehe, dass ich mich nicht bekehren könne. Hieraus entstand eine erstaunliche Gleichgültigkeit in meinem Innern, sodass ich, wenn ich dazu Gelegenheit gehabt hätte, mich in alle Sünden hineingestürzt haben würde. Der treuer Heiland aber, der ein gnädiges Auge auf mich hatte, vertrat mir meinen Weg überall. In dieser Herzensstellung blieb ich, bis ich zur Brüdergemeinde kam.

Während meiner Krankheit verlor ich auch gänzlich mein bisschen Augenlicht.

Im Jahr 1736 ging meine Tante recht selig aus der Zeit. Ihres Mannes harte Behandlung gegen mich vermehrte sich noch nach ihrem Ableben. Der dasige Pfarrer, dem dieses nicht unbekannt war, redete ihm daher zu, mich doch in das Waisenhaus nach Herrnhut zu bringen, wo ich nach Leib und Seele versorgt sein würde. Diesen Vorschlag genehmigte er, und bat den Herrn von Seidlitz, für mich in Herrnhut Ansuchung zu tun. Ich erhielt Erlaubnis, und reiste den 1. Dezember 1737 von Schönbrunn ab. Auf dieser Reise erfuhr ich aus Mangel des Gesichts, und da ich ganz allein war, augenscheinliche Bewahrungen Gottes. Ich reiste über Bunzlau nach Görlitz, von wo ich am 25. Dezember in Herrnhut anlangte. Den 29. kam ich ins Waisenhaus. Die Waisenmutter, Schwester Hehl, empfing mich sehr herzlich, betete mit mir, und sang den Vers: "Jesu Herz hat mit Erbarmen schon so manches Herz berührt, Tausend schon mit Mutterarmen zur Bekehrung eingeführt, und seitdem sie eins geworden, hat er seine Lust daran, und führt sie im Kreuzesorden fort auf einer sichern Bahn." Das machte auf mich einen tiefen Eindruck. Ich wurde sehr betrübt über mein hartes unempfindliches Herz, über alles das Schlechte, was ich in der Welt getan, und offenbarte alles. Den 19. Januar 1738 war ich besonders verlegen. Ich suchte die Einsamkeit und sagte zum Heiland: Ob ich denn keinen Teil an seinem blutigen Verdienst hätte, ich sei ja auch sein Geschöpf. Da hieß es in meinem Herzen: Ergreif es im Glauben, es ist ja dein! Mein Herz zerfloss in Tränen, und ich konnte glauben, dass er auch für meine Sünden gestorben ist. Nun entbrannte mein Herz gegen ihn. Ich opferte mich mit allen meinen Blutstropfen ihm allein auf, und kam in einen kindlichen Umgang mit dem Heiland, fühlte aber, dass mir noch etwas fehle. Einmal fiel mir der Spruch ein: "Werdet ihr nicht essen das Fleisch des Menschensohnes und trinken sein Blut, so habt ihr kein Leben in euch." Dabei wurde mir klar, dass mir dieser wesentliche Genuss am Heiland noch fehle. In dieser Zeit brachte mich da Heiland mehr zur Erkenntnis meines Grundverderbens. Dabei kam ich ins Eigenwirken, wollte selbst dies und jenes wegschaffen, und glaubte, bis diese Dinge hinweg wären, könnte der Heiland sich mit mir nicht einlassen, und eher würde ich seines Leibes und Blutes nicht teilhaftig werden, wonach ich doch sehnlich verlangte. Dabei würde ich trockner in meinem Herzen, und das Gefühl vom Heiland verlor sich.

Im Jahr 1739 kam ich ins Jungfernchor, und die Schwestern nahmen sich meiner treulich an. Es währte aber beinahe ein Jahr, bis ich in eine recht seligen Gang kam, da mein Herz wieder weich und zerflossen vor dem Heiland wurde und mein Zutrauen zu ihm stärker. Ich wurde nun im August 1740 in die Gemeinde aufgenommen und im Oktober eine Mitgenossin des heiligen Abendmahles. Die Sehnsucht meines Herzens wurde von da an viel größer, ein ganzer Schmerzenslohn des Heilandes zu sein und zu bleiben, und alles das an meinem Herzen zu erfahren, was er mir durch sein Leiden verdient hat. Im Jahr 1741 schenkte mir der Heiland bei einem mir unvergesslichen Abendmahl alles das, wonach mein Herz sich sehnte. Er erfüllte mich mit seinem Gottesfrieden, ich war wie ein neugeborenes Kind. Das Gefühl meines Elends hielt ich für eine Glückseligkeit, und konnte nicht begreifen, wie es möglich gewesen, dass ich mich so lange damit gequält, da es mir nun zur Gelegenheit diente, anhänglicher an den Heiland zu werden. Zu der Zeit wäre ich gerne zu ihm heimgegangen. Denn mein Herz war von der Marterschöne meines Bräutigams so eingenommen, dass es mir schwer wurde, hier zu bleiben. Im Jahr 1742 wurde ich zur Seelenpflege der Kinder und Schwestern mit angestellt, und 1744 zur Ältestin ernannt und zu diesem Amte eingesegnet. Mein größtes Anliegen war nun, dass der Heiland meine arme Seele nie aus seinen treuen Händen lassen und mich bewahren wolle, dass ich ihm an keiner Seele etwas verderben möge. Die Erkenntnis meiner Unzulänglichkeit machte mich sehr kleinlaut und fast verzagt, aber mein bester Freund unterstützte mich kräftig, und ich kann bezeugen, dass er mir durch alles durchgeholfen hat. März kam ich nach Herrnhaag ins dasige ledige Schwesternhaus und fuhr fort in meinen Berufsgeschäften als Pflegerin. Hier bin ich manche selige, aber auch gar schwere und bedenkliche Periode durchgegangen, und habe es niemand als meinem guten Herrn zu danken, der mir so überaus gnädig durchgeholfen. Er allein hat mich als seine Sünderin bei seiner verdienstlichen Marter erhalten. Im April 1751 kam ich als Chorpflegerin der ledigen Schwestern nach Herrnhut. Im Oktober 1756 hatte ich die große Freude, die Erfüllung meines sehnlichen Flehens und Wünschens durch den Einzug unsers Chores in das neu erbaute Kurhaus erreicht zu sehen. Im März 1757 kam ich zu gleichem Amte hierher nach Ebersdorf.

Es wäre noch gar viel zu sagen von den mannigfachen Gnadenbeweisen unsers Herrn, wodurch er den Dienst dieser treuen Magd Jesu an viel Hundert Seelen gesegnet hat. Von den 52 Jahren, die sie im Dienst der ledigen Schwesternchöre verbracht, hat sie 39 Jahre lang dem Ebersdorfschen ledigen Schwesternchore mit wahrhaft mütterlicher Treue, Pflege und Sorgfalt in Demut gedient. Denn sie hatte keinen Gefallen an sich selbst, und wollte nichts von Lob und Ehre bei Menschen wissen, sondern achtete alles für Gnade, was sie hatte und tun konnte. Ihr edler Charakter, die Gnade und Salbung, die auf ihr ruhte, ihr seliges, ganz im Heiland lebendes Herz, ihre teilnehmende Liebe war übrigens aus ihrem ganzen Wesen, Wort und Wandel wohl bekannt und wurde von ihrem Pflegebefohlenen und allen, die sich ihres Umgangs zu erfreuen gehabt haben, dankbar erkannt. Sie hatte einen tiefen Eindruck von dem früheren Segenszeiten in der Gemeine, von der damaligen edeln Einfalt und dem dabei herrschenden Geiste des Gehorsams, und es tat ihr schmerzlich wehe, wenn sie etwas dem entgegen laufendes vernahm, tat auch oft liebreiche und ernstliche Vorstellungen dagegen, zum bleibenden Nutzen und zur Erbauung für andere.

Vom September 1766 bis April 1767 versah sie neben ihrem Ebersdorfschen Dienst auch das Amt einer ledigen Schwesternarbeiterin in Neudietendorf, und half das dortige neue ledige Schwesternhaus einrichten.

Seit einigen Jahren nahmen ihre Leibeskräften merklich ab. Gleichwohl verrichtete sie ihre Geschäfte mit vieler Munterkeit des Geistes, bis endlich zunehmende Brustbeschwerden ihr daran hinderlich wurden. Doch nahm sie von allem Notiz und diente aus dem Schatz ihre vieljährigen Erfahrungen mit mütterlichem guten Rat. Bei ihrem langanhaltenden Leiden wurde die Sehnsucht nach ihrer seligen Vollendung stärker, sie erwartete dieselbe aber mit Gelassenheit und Ergebung in den Willen des Heilandes. Am 17. Juni 1796 erhielt diese treue Magd Jesu Erlaubnis einzugehen in ihres Herrn Freude im 76. Jahre ihrer Wallfahrt hienieden.

16. Anna Henninger   (1845-1934)

Lebenslauf der verwitweten Schwester Anna Henninger, geborene von Holly und Ponientzietz, entschlafen am 18 März 1934, 8:45 Uhr vormittags

Unsere heimgegangene Schwester wurde geboren zu Gollnow in Pommern am 27. Juli 1945 als zweite Tochter des Premierleutnants a.d. Und Servis-Rendanten Carl Adolf Moritz von Holly und Ponientzietz und seiner Gattin Emilie Dorothea Caroline geb. Ewald. In der heiligen Taufe bekam sie die Namen Anna Martha Hedwig.

Der Vater war brustkrank, darum hatte er seinen Abschied nehmen müssen. Er war dann Kassenbeamter, bis er vom Militär aus eine Anstellung als Inspektor eines Invalidenhauses in Stolpe bekam. Dort starb er schon 1850 an einem Blutsturz.

Zwei Kinder waren dieser Ehe noch entsprossen, mit denen trotz der Altersunterschiede die Heimgegangene eine innige Zuneigung verbunden hat. Die Schwester, die die Entschlafene jährlich bei Besuchen sah, war 12 Jahre älter und ist schon lange heimgegangen. Der Bruder, der sechs Jahre älter war als unsere Heimgegangene, ist auch schon vor einer Reihe von Jahren ihr vorangegangen. Seine bedeutend jüngere Gattin hat unsere Schwester Henninger bis in die letzten Wochen hinein treu besucht.

Die Mutter unserer Schwester kam nach des Vaters Tod mit ihren drei Kindern im traurige Verhältnisse. Die Pension war klein, und jedes Jahr musste sie selbst schreiben und König und Königin um die Paar Taler bitten. Bis 1851 blieb Schwester Henninger bei der Mutter in Gollnow. In diesem Jahr reiste die Mutter mit ihr nach Niesky, um dort ihre Freundinnen, zwei Fräulein von Forestier zu besuchen, die dort hingezogen waren und zur Brüdergemeine gehörten. Die Mutter hatte viel Sinn für alles, was fromm und gut war. Die Predigten von Bruder Gustav Tietzen machten tiefen Eindruck auf sie. Es kam dort für sie zu einer Bekehrung, und sie war sehr glücklich. So hatte sie denn den Wunsch, ihre Tochter in Niesky zu lassen, damit sie dort erzogen wurde. Die beiden Freundinnen der Mutter waren auch bereit, sie bei sich aufzunehmen, obwohl das Kind erst fünf Jahre alt war. Wenn man dann die kleine Anna fragte, warum sie nicht mit der Mutter wieder abgereist sei, antwortete sie: "Es ist zu meinem Besten, dass ich hier erzogen werde." Die Mutter wäre wohl selbst gern nach Niesky gezogen, das ließ sich aber zunächst nicht machen, weil ihr Sohn in Pommern auf dem Gymnasium war. Die Wahl-Tanten in Niesky hatten wohl manchmal etwas Not mit der Nichte, da diese recht lebhaft und eigenwillig war, die Tanten aber sehr schwach.

Mit sechs Jahren kam unsere heimgegangene Schwester in die Kleinkinderschule, und dann hat sie die Anstalt in Niesky ganz durchgemacht. Sie lernte gut und zeigte sich nicht unbegabt.

Im Herbst 1856, nachdem die heimgegangene schon 5 Jahre in Niesky gewesen war, siedelte endlich die Mutter auch nach Niesky über. Sie meldete sich mit ihrer Tochter zur Gemeine, und es lag ihr gerade daran, dass Ihr Kind Mitglied der Brüdergemeine würde, damit, wie sagte, es geschützt bliebe vor der bösen Welt. Dass sie mit dem Kind zusammen aufgenommen werden wollte, erschwerte die Sache. Und auch das Los sagte "nein". Sie war trostlos. Man sagte ihr: Das kommt daher, weil du das Kind mit hinein haben willst. Aber das war ihr ja gerade die Hauptsache. Sie bat noch einmal um die Aufnahme in die Brüdergemeine. Da sagte das Los "ja", und am 13. November 1806 wurde die Aufnahme von Mutter und Kind vollzogen. Dem Kind war das zunächst ziemlich einerlei, später hat aber unsere entschlafene Schwester sich die Zugehörigkeit zur Brüdergemeine sehr geschätzt. Sie liebte besonders die alten Gemeinsitten, und sie war traurig, dass mit der Zeit so viel davon verschwand.

Im Jahre 1859 war die Tochter zur Mutter gezogen. Sie hat nun bei ihr gelebt und sie gepflegt. Die Mutter hatte sich wohl bei ihrem Gatten angesteckt (sie litt an Unterleibs-Schwindsucht) und musste viel leiden. Sie war die beste Freundin ihrer Tochter. Im Jahr 1860 wurde sie eingesegnet und zwar durch Bruder Croeger. Sie erhielt als Konfirmationsspruch das Wort aus Jesaja

54: "Es sollen wohl Berge weichen und Hügel hinfallen, aber meine Gnade soll nicht von dir weichen, und der Bund meines Friedens soll nicht hinfallen, spricht der HERR, dein Erbarmer." Dieser Spruch ist ihr im ganzen Leben wichtig gewesen und im Alter immer lieber geworden. Die Abendmahlsfeiern in der Großmädchenzeit haben ihr tiefen Eindruck gemacht. Sie war jedes Mal vorher in großer Aufregung und hatte Bedenken, ob sie nicht unwürdig sein.

Wohl bei der Pflege ihrer gebrechlichen Mutter fasste sie den Plan, Diakonisse zu werden. Sie musste aber zunächst bei der Mutter bleiben und diese pflegen, bis der Herr sie nach langem Leiden im Jahr 1866 heimrief. Die Tochter glaubte, die Trennung nicht ertragen zu können. Sie wäre sehr gern auch heimgegangen.

Noch am Begräbnistag bekam sie einen Ruf als Lehrerin nach Christiansfeld. Sie war aber zu elend, als dass sie die Stelle hätte antreten können. Einige Zeit später wurde sie dann als Lehrerin nach Kleinwelka an die Missionskinderanstalt berufen. Da ihre Mutter ihr gesagt hatte, dass sie selbst verdienen müsste, nahm sie den Ruf an und ging im Gehorsam hin. Bald stellte sich aber heraus, dass sie nicht stark genug sei. Sie hatte viel Heimweh und fühlte sich nicht wohl. Ein reichliches Jahr, von November 1866 bis Januar 1868 ist sie dort geblieben, dann zog sie wieder nach Niesky, um ihre erblindete Tante, Schwester von Forestier, zu pflegen. Mit ihr reiste sie nach Berlin, wo eine glückliche Operation im Mai der Tante das Augenlicht wieder schenkte. Bei dieser Tante blieb sie von 1868 bis zu ihrer eigenen Verheiratung im Jahre 1874. Die Tante wollte sie nicht fort lassen. In der Sonntagsschule und in der Kleinkinderschule konnte sie in diesen Jahren helfen.

Im Jahr 1874 wurde sie durch Bruder Curie mit dem als Prediger und Musiklehrer nach Montmirail berufenen Bruder Paul Henninger verlobt. Die Trauung fand am 3. November 1874 abends 7 Uhr durch oder Hentschel hier in unserem Ebersdorfer Kirchensaal statt, denn Mutter Henninger lebte hier. Zur

Trauung trug unsere heimgegangene Schwester noch die alte
Tracht: Tüllkragen, weiße Schürze, Haube, schwarzseidenes
Kleid.

In Montmirail war der Anfang sehr schwer. Gerade die fremde
Sprache machte Mühsal. Aber dann waren Geschwister
Henninger sehr gern da. Sie hatten viel Genuss an der
landschaftlichen Schönheit der Schweiz. Für Bruder Henninger
gab es viel Arbeit: 20 bis 30 Musikstunden in der Woche und
jeden Sonntag die deutsche Predigt. Eigentlich sollte er dort als
Prediger bleiben, wollte aber lieber in die Heimat zurück. 1878
wurde er nach Berthelsdorf als Protokollist der Unitätsdirektion
berufen. Er nahm diesen Ruf mit schwerem Herzen an, war aber
dann sehr glücklich dort. Leider konnte er nur ein Jahr in diesem
Amt bleiben.

Im Jahr 1879 wurde er hierher nach Ebersdorf berufen zur
großen Freude seiner betagten Mutter, die Geschwister
Henninger hier noch 3 Jahre sehen durften, bis sie 1882 starb.
12 Jahre war hier Bruder Henninger im Amt als Prediger und
Anstaltsdirektor. Es waren sehr glückliche Jahre. Noch jetzt
denken die alten Schülerinnen mit großer Dankbarkeit des
Direktorpaares, dass ihnen mit viel Treue, Bestimmtheit und
Liebe Führer gewesen ist. Schwester Henninger hat diese
Dankbarkeit und Anhänglichkeit bis zum Schluss spüren dürfen.
Schwere Krankheit nötigte Bruder Henninger 1891 zum
Niederlegen des Amtes. Er durfte hier wohnen bleiben. Geduldig
trug er sein Leiden. Zeitweilig trat auch Besserung ein. Er konnte
sich viel musikalisch betätigen. Vom Herbst 1897 bis Ostern
1898 übernahm er noch einmal die Leitung der Anstalt, um sie
zu schließen. Nach langem Kranksein durfte er dann am 28.
September 1910 heimgehen.

Die Ehe der Geschwister Henninger war kinderlos geblieben.
Deshalb nahmen sie in ihr Haus drei Töchter des Bruders der
Verstorbenen zur Weitererziehung. Es waren dies Margarete von
Holly, die von 1883 bis 1891 hier weilte und der Tante in die
Ewigkeit vorangegangen ist, Lucie von Holly, die von 1886 bis

1890 hier war, und Helene von Holly, jetzt verheiratete Müller, die von 1888 an mit kleinen Unterbrechungen bis zu ihrer Verheiratung 1903 als Kind im Haus war, und die nun durch den Heimruf der Schwester Henninger eine Mutter verloren hat. Schwester Henninger war immer schon von schwacher Gesundheit, so dass die Behörde schon gegen die Heirat Bedenken gehabt hatte. Nun hat sie ihren Gatten lang überlebt. In den letzten Jahren hat sie sehr zurückgezogen gelebt. Seit Jahrzehnten war sie nicht mehr aus dem Haus gekommen. Sie nahm aber mit regem Geist an allem Teil von ihrem Sofa aus, auf dass sie immer mehr gebannt wurde. Ein schwerer Schlag war für sie am 5. Januar dieses Jahres der Heimruf ihrer treuen, selbstlosen Pflegerin Schwester Herr. Da wurde es nötig, dass sie für einige Tage ins Krankenhaus übersiedelte. In den letzten Wochen ging es immer schneller mit den Kräften bergab. Die Nächte brachten oft große Atemnöte und Ängste. So war der Heimgang am Sonntagvormittag um 8:45 Uhr eine rechte Erlösung. Sie hat ihr Alter gebracht auf 88 Jahre 7 Monate 19 Tage.

17. Rosina Magdalena Gärtner   (1789-1869)

Lebenslauf der am 11. Dezember 1869 in Ebersdorf selig Entschlafenen ledigen Schwester Rosina Magdalena Gärtner. Ich bin geboren am 5 Juni 1789 in Bönnigheim im Württembergischen. Meine Eltern, Alexander Gärtner und Christiane Juliane geborene Spätt suchten uns Kinder eingezogen und christlich zu erziehen, hielten auch streng darüber, dass wir den Hausgottesdienst, nämlich das Tischgebet und den Abendsegen nicht versäumten, und ließen es auch nicht zu, dass wir mit anderen Kindern auf der Gasse herumwildern durften, was ich gern mitgemacht hätte; und oft wünschte ich, auch solche Eltern zu haben, die ihren Kindern so viel Freiheit ließen, wie ich es bei anderen da. Meinen Vater verlor ich schon in meinem 8. Jahr, da er, nach einer langsamen Auszehrung, im 36. Lebensjahr selig aus der Zeit ging und eine Witwe mit vier Kindern hinterließ, unter welchen ich das zweitälteste war. Meiner Mutter lag das Seelenheil ihrer Kinder sehr am Herzen und sie betete oft laut für sich und uns zum Heiland, dass doch keines möchte verloren gehen, was einen tiefen Eindruck auf mich machte; und oft dachte ich, als Kind zu sterben, um gewiss in den Himmel zu kommen, denn ich hatte eine große Furcht vor der Hölle. Zwei Jahre nach meines Vaters Tode heiratete meine Mutter wieder, und wir waren so glücklich, einen Stiefvater zu bekommen, der den Heiland kannte und liebte und für das innere und äußere Wohl seine Stiefkinder so treu besorgt war, wie für seine eigenen. Der Heiland wolle ihm noch in der Ewigkeit dafür lohnen!
Die Schule, in welche ich im 6. Jahr geschickt wurde, besuchte ich mit Lust und Freude, und es tat mir jedes Mal weh, wenn ich sie versäumen musste, um meine jüngeren Geschwister zu warten, oder im Feld und Weinberg zu arbeiten. In meinem 14. Jahr wurde ich konfirmiert. Den vorhergehenden Unterricht erhielt ich leider nicht von einem erweckten Prediger, doch ging er nicht ohne Segen für mein Herz vorüber. Bei der Konfirmation

und dem erstmaligen Genuss des Heiligen Abendmahls übergab ich mich dem Heiland zu seinem Eigentum und fasste den festen Entschluss, meinem Versprechen treu zu bleiben. Da aus Bönningheim öfters Geschwister zu Festtagen in Neuwied besuchten, auch einmal mein Vater und später meine Mutter, hörte ich viel von der Brüdergemeine erzählen, und es war mir schon als Kind ausgemacht, dass ich zu derselben bestimmt sein. Doch äußerte ich mich nie darüber, sondern wollte warten, bis ich konfirmiert sein. Als ein Jahr nachher ein paar verheiratete Geschwister von Bönningheim nach Neuwied zogen, hielt ich bei meinen Eltern um Erlaubnis an, mit denselben dahin zu reisen. Da ich von meiner Mutter öfters den Wunsch hatte aussprechen hören, auch ein Kind bei der Gemeine zu haben, so kam es mir ganz unerwartet, dass mir meine Bitte abgeschlagen wurde, weil meine Eltern mich notwendig zur Arbeit brauchten und daher gern gesehen hätten, wenn ich noch einige Jahre bei ihnen geblieben wäre. Dazu konnte ich mich aber nicht entschließen, denn ich war fest überzeugt, dass es jetzt die rechte Zeit sei, und ich bat daher den Heiland mit vielen Tränen, er möge die Herzen meiner Eltern so lenken, dass sie mich gern gehen ließen. Als nun der Tag der Abreise näher kam, willigten sie auch wirklich ein und ließen mich gern und in Frieden ziehen, haben es auch nie bereut, sondern waren jederzeit froh, dass sie mich in einer Brüdergemeine wussten. Den 4. Mai 1804 kamen wir in Neuwied an. Ich gewohnte bald ein, und es gefiel mir alles, was ich sah und hörte. Doch bald wurde ich inne, dass ich mich in meiner Vorstellung getäuscht hatte, indem ich nämlich der Meinung gewesen war, dass, wenn man in einer Gemeine wohne, man ganz selig und heilig und halb wie im Himmel sei. Ich musste erst aus Erfahrung lernen, dass man, solang man auf dieser Welt lebt, sündig ist und bleibt; aber auch das habe ich, Gott sei Dank, in der Schule des Heiligen Geistes gelernt, dass der Heiland und der arme Sünder zusammen gehören.

In Neuwied wäre ich sehr gern geblieben; aber das Los, durch welches man damaliger Zeit Erlaubnis bekam, hieß: nein! Es

wurde daher für mich nach Ebersdorf geschrieben, und ich bekam hierher Erlaubnis und kam am 25. September desselben Jahres hier an, wo ich mit viele Liebe aufgenommen wurde. Das Eingewohnen wurde mir nicht schwer, wiewohl es manches zu lernen und zu gewohnen gab. Meine erste Beschäftigung war Baumwolle spinnen und im Sommer bekam ich Arbeit im Garten und Feld. Auf diese Weise verbrachte ich mehrere Jahre. Am 17. Februar 1805 wurde ich in die Gemeine aufgenommen, und im Juni desselben Jahres gelangte ich zum erstmaligen Genuss des Heiligen Abendmahls mit derselben. Ich übergab mich bei diesen Gelegenheiten dem Heiland aufs Neue zu seinem Eigentum, mit mir zu tun, was ihm beliebet, von mir zu nehmen, was ihn betrübet. So verbrachte ich meine Mädchenjahre froh und vergnügt. Am 4. Mai 1807 wurde ich in das Chor der ledigen Schwestern aufgenommen. Meine innige bitte zum Heiland war, mich zu einer klugen Jungfrau zu machen, die nur sorgt, was dem Herrn angehört. Es war mein aufrichtiger Sinn und Wunsch, nur für den Heiland zu leben, aber dabei fühlte ich immer, dass es bei mir noch an etwas fehle; es fehlte mir eben noch der rechte Herzensfriede. Ich konnte noch nicht mit Wahrheit sagen: Er ist mein, und ich bin sein! Wonach ich mich oft recht sehnte. Den 3. Mai 1808 ging ich mit der Bitte und dem Seufzer zum Heiland, mir einen Gnadenblick und die Versicherung der Vergebung meiner Sünden zu schenken, in die Schlussversammlung, und als beim Fußwaschen, was damals noch üblich war, folgende Strophen gesungen wurden: "Wo wir krank sind, da heile du, wo wir unrein, da rein'ge du, weil du aus Gnaden, uns zu gut, vergossen hast dein teures Blut," und: "Friede dem Herzen, Friede dem Gewissen, gib zu genießen!" Da wurde mein Herz mit einem solchen Wohlsein und Frieden erfüllt, dass ich nicht wusste, wie mir geschah. Ich kam mir vor, wie neu geboren. Die Feier unsers Chorfestes am darauffolgenden Tage, besonders der Genuss des Heiligen Abendmahls bleibt mir unvergessen.
Um dieselbe Zeit kam ich das erste Mal in das Stundengebet. Da hatte ich eine unbeschreiblich selige Zeit im Gebetsumgang mit

dem Heiland. Weil ich nun glaubte, es gehe so in einer Seligkeit fort, ward ich traurig und konnte mich nicht da rein finden, als sich das selige Gefühl nach und nach wieder verlor und dass sündliche Verderben sich wieder regte, bis mich der Heilige Geist mehr und mehr auf die Armesünderspur führte und mich lehrte, dass man täglich, wie man ist, mit allen Mängeln und Gebrechen zum Heiland kommen darf; und dabei fühlte ich mich glücklich und selig. Wenn sich auch öfters Trägheit und Gleichgültigkeit bei mir einschleichen wollte, so ließ mich doch der Heiland nie lange so hingehen, sondern kam mir bald wieder mit Liebe und Freundlichkeit entgegen. Auf diese Weise verbrachte ich mehrere Jahre recht vergnügt und selig. Dann kamen aber auch andere Zeiten, wo ich mein trotziges und verzagtes Herz recht musste kennenlernen. Ich war nicht mehr recht zufrieden mit meiner äußeren Lage und wurde missvergnügt, die Gemeine war mir nicht mehr so wichtig, und ich hatte nicht mehr den Genuss an der Versammlungen, wie früher. Da stieg oft aus der Tiefe meines Herzens der Seufzer zum Heiland empor: Bringe mich, Herr, wieder zu dir und erneure meine Tage wie vor Alters! Und dieselbe Zeit machte ich einen Besuch in der Heimat, was meine Eltern schon lange gewünscht hatten. Nach einem Aufenthalt von 6 Wochen wollte ich wieder zurückkehren. Da kamen Hindernisse dazwischen, so dass ich über den Winter dort bleiben musste, worein ich mich schwer finden konnte. Es wurde mir aber bald klar, was der Heiland damit meinte. Ich bekam ein solches Heimweh und eine solche Sehnsucht nach der Gemeine und den Gemeinschaftssegen in derselben, dass ich Tag und Stunden zählte, bis ich abreisen konnte. Als im März schönes Frühlingswetter eintrat und die Hindernisse beseitigt waren, begab ich mich auf die Rückreise, und kam den 25. März glücklich und wohlbehalten in Ebersdorf an, wo ich zu meiner Beschämung mit vieler Liebe aufgenommen wurde, und es war mir, als wäre ich im Himmel, dass ich nun wieder in meinem lieben Ebersdorf sein durfte.

Gleich nach meiner Ankunft kam ich in die Bäckerei, was mir ganz erwünscht war. Hier gab es aber viel zu lernen, und ich hatte schwere Schulen durchzumachen. Es zeigte sich auch bald, dass dieses Geschäft meiner Gesundheit nicht zuträglich sei, und ich sah deutlich, dass ich nicht länger in der Bäckerei bleiben konnte. Da der Winter nahe bevorstand, und ich nicht wusste, auf welche Weise ich mein Brot würde verdienen können (denn eigenes Vermögen hatte ich noch nicht, und meine Eltern wollte ich nicht zu oft um Unterstützung ansprechen), so fiel mir dies sehr schwer aufs Herz. Da war es mir, als sagte eine Stimme zu mir: "Er wirds so machen, dass du ihm wirst danken!" Und diese Zusage hat der Heiland treulich gehalten und jederzeit väterlich für mich gesorgt. Im Winter fanden sich immer kleine häusliche Geschäfte und auch Handarbeiten, so dass, wenn ich auch zu Anfang der Woche nichts vor mir sah, ich am Ende doch immer so viel verdient hatte, als ich brauchte, und oft auch noch etwas übrig blieb, was mich recht zum Loben und Danken stimmte. Ich habe da recht erfahren, was man durch kindliches Zutrauen gewinnt, und wie an Gottes Segen alles gelegen ist, und dass ihm nichts zu viel und nichts zu wenig ist, was man braucht, warum man weint. Zur Sommerszeit war meine Beschäftigung viele Jahre hindurch im Garten. Da ich aber bei dieser Arbeit an meinen schwachen und entzündeten Augen viel zu leiden hatte, auch meine Kräfte oft zu dieser schweren Arbeit nicht ausreichen wollten und mir auch außerdem noch manches zu schwer wurde, trug ich solches dem Heiland oft im Gebet vor und bat ihn, dass er doch auf eine andere Weise für mich sorgen möge. Da wurde ich ganz unerwartet aufgefordert, zu einer Witwe Nürnberger zu ziehen, die, ihrer Alters- und Gedankenschwäche wegen, jemand bei sich haben musste. Dies nahm ich aus der Hand des Herrn an, so viel unangenehmes auch damit verbunden war, und er hat mir auch die fünf Jahre hindurch, welche ich bei jener Witwe zubrachte, gnädig beigestanden und durchgeholfen. Nach dem Heimgang genannter Schwester zog ich wieder ins Schwesternhaus, wo ich mich mit Stricken und kleinen häuslichen Arbeiten beschäftigte. Da ein Nervenfieber, welches ich im Jahr 1842 glücklich überstand, meine Kräfte sehr mitgenommen hatte, dieselben auch später merklich abnahmen, sehnte ich mich nach Ruhe, und da ich seit dem Heimgang meiner Eltern die Mittel hatte, bei sparsamer Einrichtung eine eigene Stube zu bewohnen, bezog ich im Mai 1846 dieselbe mit der Bitte zum Heiland, dass er und sein Friede mit einziehen und meine Stube zu einem Bethanien machen möge, wo er gern ein und ausgehe; und ich habe es auch vielmals erfahren dürfen, dass ich keine Fehlbitte getan habe. Wäre ich nur immer eine wahre Maria gewesen, die sich nichts Höheres wünscht und nichts Besseres weiß, als zu seinen Füßen zu sitzen, so hätte ich gewiss manchen Herzensgenuss mehr gehabt, um den ich mich durch meine Trägheit selbst brachte. Ich musste gar bald gewahr werden, dass man das verderbte Herz und die Welt in sich auch in die Einsamkeit mitnimmt, und man auch da seine Gedanken unnötig zerstreuen und sich die Zeit verderben kann, die man nützlicher anwenden könnte und sollte. Dies presste mir oft den Seufzer aus: "Oh, dass dir zu Ehren alle meine Gedanken geheiliget wären!" Und: "Stoß alles aus, nimm alles hin, was mich und dich will trennen, und nicht gönnen, dass all mein Tun und Sinn in deiner Liebe brennen!"

Je älter ich werde, je mehr muss ich einsehen und erfahren, dass ich von selbst nichts Gutes habe, noch kann, sondern Wollen und Vollbringen und alles, was zum Wachstum und Gedeihen des inneren Lebens nötig ist, mir alle Tage vom Heiland auf den Knien ausbitten muss, und dazu bin ich leider oft zu träge. Über mein Zurückbleiben, besonders in der Liebe zum Heiland, und über alle Mängel und Gebrechen, die ich in und an mir finde, kann mich nichts trösten noch beruhigen, als sein Verdienst und Blut allein, das alles gut machen kann. Er schenke mir nur die Gnade, dass ich mich stets gläubig daran halten kann im Leben und im Sterben! Wenn ich heute im 74. Jahre, da ich dies schreibe, mir ins Gedächtnis zurückrufe, wie mich der Heiland meine ganze Lebenszeit so seliglich geleitet und geführt hat, so muss ich ausrufen: Ich bin viel zu gering an der Barmherzigkeit und Treue, die er an mir getan hat! Er hat mich von früher Jugend an zu sich gezogen, hat mich zur Brüdergemeine gebracht, bei welcher ich mich so glücklich fühle und nach Seel' und Leib so viel Gutes genieße, er ist mir mit unermüdeter Hirtentreue nachgegangen, hat mich bei meinen vielen Fehlern und Abweichungen mit unbeschreiblicher Geduld getragen, ist nicht müde geworden, mir zu vergeben und mit neuer Gnade mich anzufassen: für alles das werde ich ihm erst in der Ewigkeit recht danken können, hier finde ich keine Worte dazu. Nun ist dieses meine angelegentliche und oft wiederholte Bitte zum Heiland, dass er mich immer mehr zubereiten wolle für die Ewigkeit, dass, wenn er kommt mich abzurufen, ich als eine kluge Jungfrau fertig und bereit erfunden werde, mit ihm zur Hochzeit einzugehen.

Dann will ich, wenn ich zu ihm komm,
nicht denken mehr an gut noch fromm,
sondern: Da kommt ein Sünder her,
der gern ums Lösegeld selig wär!
Bis dahin bleibt mein Los: ihm nachzuwallen!
Und meine Sorge bloß: Ihm zu gefallen!
Und dabei wart ich sein mit Herzverlangen,
bis er in obern Reihn mich wird empfangen.

Dies selige Ziel hat nun unsere liebe ehrwürdige Schwester Gärtner erreicht, schneller als sie und wir es ahnten, indem sie am vergangenen Sonnabend, den 11. Dezember, ohne alle Krankheit vom Heiland Erlaubnis erhielt, hinüber zu schlummern in seinen Arm und Schoss. Wir gönnen ihr dies liebliche Los, beim Herrn daheim zu sein; aber doch tut es uns sehr weh, diese liebe, treue Seele zu missen, deren Wandel in unserer Mitte und allen zur Erbauung war; denn man fühlte es ihr ab, dass sie ihre Tage im stillen Herzensumgang mit dem Heiland verbrachte und das sein Friede sie umgab.

So wie sie früher unserem Haus eine lange Reihe von Jahren auf verschiedene Weise mit großer Treue und Angelegenheit gedient hatte, so war sie auch noch im Alter stets bereit, mit Rat und Tat beizustehen, wo man es bedurfte. Besonders aber getrösteten wir uns dessen, dass sie unser Chor und Haus auf treuem betendem Herzen trug, was der Herr ihr jetzt droben lohnen wolle! Oh wie wird sie nun so selig sein, den Herrn von Angesicht schauen zu dürfen, an den sie sich hienieden im Glauben gehalten und den sie so innig geliebt hatte!

Du seliger Magnet, der Herzen
schon ungesehen allmächtig zieht!
Wenn man dich leiblich, frei von Schmerzen,
von Himmelwonn' erglühend, sieht,
was wird es sein! Wenn wir die Palmen
empfahn aus der durchbohrten Hand,
wenn dem, der hier und sucht und fand,
dort schallen ewge Freudenpsalmen!

Ihr Alter hat sie gebracht auf 80 Jahre, 6 Monate und 6 Tage.

18. Gustav Reichel 1879-1965

Wenn ich jetzt mein Leben, rückwärts sehend, überschaue, dann war es durch Gottes Gnade ein rechter Pilgerlauf im Dienste dessen, dem wir alle dienen. Darum möchte es allen, die diese kurzen Ausführung hören, gleich zum Anfang zurufen: "Drum wohlauf im Pilgerlauf! Es zieht voran der starke Held. Er gibt Kraft der Jüngerschaft, wo sie hinzieht durch alle Welt. Fühlt euch arm im Herzensgrund, wenn sich öffnet euer Mund, und seid in den Staub gebeugt, wenn ihr zum Kreuz bezeugt." Sein Lobpreis seiner Gnade sollen auch diese kurzen Zeilen sein, ein Zeugnis seiner erziehenden Gnade und seiner treuen Führung, dass wir, wie es vom Kämmerer aus dem Mohrenlande heißt, unsere Straße fröhlich ziehen können. Wenn wir ihn gefunden haben, auch wenn es durch Kontinente, durch Dornen und Dunkelheiten geht. "Manchmal scheints in Nacht und Graus völlig aus; dennoch führest du ohne Wanken deine köstlichen Gedanken seliglich an uns hinaus." Wie viel Köstliches und Ermutigendes hat der Herr mich in meinem Leben erfahren lassen.

Schon die Tage meiner Kindheit sind ein freundlicher Beweis dafür. An 16. Februar 1879 im stahlharten, eiskalten russischen Winter wurde ich in Sankt Petersburg geboren. Mein Vater Wilhelm Reichel war damals Kassierer bei der Handelsfirma Asmus Simon Sinn und Co, die der Brüdergemeine gehörte. Meine Mutter Sophie, geborene Hansen, kam aus deutschbaltischen Kreisen der lutherischen Kirche in St. Petersburg. So haben wir Kinder, im Kreise der Brüdergemeine aufgewachsen und in ihr verwurzelt, dennoch von Anfang an die Verbindung mit der weiteren Kirche Christi gehabt und gehalten. Mit meinem beiden jüngeren Schwestern, Anna, später verheiratet mit Bruder Gerhard Viebrock, und Else, späterhin die Gattin von Bruder Walter Siegfried Reichel, habe ich eine frohe und ungetrübte Jugendzeit verlebt. Es war ein Kinderparadies, im Winter in der Stadt, im Sommer draußen auf dem Lande in den Villen der Firma Asmus Simonsen, zusammen mit den Kindern der anderen Angestellten.

Ein wichtiges Ereignis in meinem Leben war der Besuch bei unseren Verwandten in Deutschland im Sommer 1885, den wir Kinder erst mit unserer Mutter und zum Ende auch mit unserem Vater bei unsere Verwandten in Herrnhut verbrachten. Dort habe ich zum ersten Mal ein Kinderfest erlebt. Ganz stark empfand ich danach, was es bedeutet in einer festen Gemeinschaft zu stehen! Spät bin ich erst zur Schule gekommen, nach einer kurzen Zeit in der sogenannten Vorschule von Frau Telow, im neunten Lebensjahr aufs Gymnasium der evangelischen St. Katharinengemeinde. Ich hatte den Vorzug dort einen ehrwürdigen, herzensfrommen Religionslehrer zu haben, den wir Kinder alle sehr liebten, und dem ich nächst Vater und Mutter meine ersten tiefen Eindrücke im Glaubensleben verdanke: das war der alte Pastor Hasenjäger.

Als ich 12 Jahre alt war, kam die erste große Veränderung in unserem Leben: die Firma Asmus Simonsen wurde aufgelöst. Da mein Vater nicht gleich eine neue Arbeit fand, zog er mit seiner Familie nach Görlitz, wo wir im Herbst 1891 ankamen. Ein Jahr lang leben wir hier, bis mein Vater eine Anstellung in Harburg an der Elbe fand, als Filialleiter, der Firma A. C. Moukow und Co. in Cognac, Frankreich, deren einer Teilhaber sein Vetter Gustav Kläbisch war. Meine alte Liebe zur See und Schifffahrt wachte hier wieder auf, war doch der imposante Hamburger Hafen in verführerischer Nähe. Kinderträume! Das Leben hat mich auf die See häufig und weit hinaus geführt, aber ganz anders, als ich anfänglich dachte. Und doch war es wohl eine Zug in Gottes weisem Erziehungsplan, dass in mir dort die Sehnsucht in die Ferne erwachte.

2 Jahre besuchte ich das Realgymnasium in Harburg, äußerlich mit gutem Erfolg, innerlich mit mancher Anfechtung und Versuchung. Es sollte nicht die entscheidende Stätte meiner Ausbildung bleiben.

1894 zu Ostern entschlossen sich meine Eltern, mich nach
Niesky zu schicken, auf die Schule, von der mein lieber Vater mir
so oft mit warmer Begeisterung erzählt hatte, auf der seit mehr
als 100 Jahren alle meine Vorväter gebildet und gestählt waren.
Große Erwartungen erfüllten mich, und großer Segen ist dort auf
mich geströmt. Ich trat Ostern 1894 in die Untertertia der
Knabenanstalt ein, kam Ostern 1895 ins Pädagogium und wurde
Ostern 1896 mit meiner Schwester Anna zusammen in Niesky
durch Bruder Dober konfirmiert, der als Prediger in Petersburg
meine Schwester getauft hatte.

1900 bestand ich mit meinem Kolonnengenossen Alfred Bauer,
Gottfried Kölbing und Gerhard Wedemann das Abitur. Eine Zeit
glücklichen Schullebens und reicher Eindrücke lag hinter mir.
Viel danke ich meinen Lehrern. Mit welch väterliche Liebe
begegnen ihr Bruder Hermann Görlitz, der Direktor der
Knabenanstalt. Und wie verstand es Bruder Hermann Bauer,
unser Direktor im Pädagogium, dem jungen Herzen, in dem es
stürmte und drängte, das manchmal sich keinen Rat wusste, die
rechte Bahn zu zeigen und einen für alles zu begeistern, was gut,
rein und fromm war.

Es war mir eigentlich selbstverständlich, dass ich nun mit Alfred
Bauer und Gottfried Kölbing aufs Theologische Seminar nach
Gnadenfeld zog. Gerhard Wedemann ergriff einen anderen Beruf.
An seiner Stelle hat unser vierter Kolonnengenosse Herbert
Bauer, mein späterer Schwager. Wir haben eine frohe
Studentenzeit verlebt. 1902 erlebte ich den seligen Heimgang
meiner Cousine Elisabeth Roy, geborene Reichel, der einen
bleibenden Eindruck bei mir hinterließ. Gott aber griff
entscheidend in mein Leben ein am Ende meiner Gnadenfelder
Zeit: Merkwürdig, manchmal wird ein Misserfolg zum Segen! Und
die Augen wurden uns geöffnet: ich bestand das Schlussexamen
nicht. Ja, ich hatte es wohl am nötigen Ernst und Fleiß fehlen
lassen. Das war das eine, was ich lernte - und das andere war:
auf eigene Kraft nicht vertrauen, da werden wir zu Schanden.

Und nun öffneten sich mir, ohne mein Zutun, Wege, auf denen ich immer weiter zu Ziel und Klarheit geführt wurde. 1903 wurde ich als Lehrer an unsere Knabenanstalt nach Königsfeld gerufen. Dort war mein Onkel Ernst Reichel Prediger, dem ich zu verdanken habe, dass ich, der ich im Augenblick nicht wusste wohin, nach meiner Dienstzeit in Freiburg im Breisgau als Lehrer an unsere Knabenanstalt nach Fullneck in England gehen konnte. Dieser Zeit habe ich an meiner Führung und Entscheidung so viel zu verdanken, dass ich die Freudigkeit fand, mich 1905 unserer Missionsdirektion in Herrnhut zur Verfügung zu stellen. Ich durfte die Freude erleben, dass meiner Bitte stattgegeben wurde. So hat mir Gott meinen Weg in den Missionsdienst gewesen.

Nach einem Jahr ärztlicher Vorbereitung für den Missionsdienst auf dem Livingstone College in London war ich dann noch zwei Jahre Lehrer an unserer Missionsschule in Niesky.

Das Jahr 1908 rief mich hinaus auf das Missionsfeld, und zwar in den Himalaya. In diesem Jahr fand ich auch die treue Lebensgefährtin, die den Mut hatte, mit mir die Pilgerfahrt durchs Leben zu wagen: Gertrud Bauer. Am 22. August 1908 wurden wir in Ebersdorf getraut, wo die Mutter meiner Braut als Predigerswitwe wohnte. Unser gemeinsames Leben wurde im wahren Sinne des Wortes eine Pilgerfahrt, durch Gottes Gnade nun schon 43 Jahre. Alles haben wir gemeinsam erlebt und getragen. Mit dem Jahre 1908 wurde Ebersdorf unsere irdische Heimat, von Jahr zu Jahr immer mehr. Auch dafür müssen wir Gott danken. Wir haben reiche Erfahrung im Dienste unseres Herrn an sammeln dürfen an den verschiedensten Stellen unsere Erde: erst sechs Jahre im Himalaya unter den Tibetern buddhistische Religion. Hier wurde uns 1912 in Leh unser ältester Sohn Enno geschenkt, den wir nach Gottes Willen im Kriege 1944 wieder hergeben mussten.

Was hatte Gott noch für uns aufgehoben? Rückwärts blicken darf ich sagen: das war alles Vorbereitung, Schule für den eigentlichen Dienst, den wir leisten sollten. Solches war auch der

Befehl der britischen Kolonialregierung, der uns zwang, unser Arbeitsfeld zu verlassen, als 1914 der Krieg ausbrach. Ein Jahr Internierung in Indien folgte. Danach wurden wir im November 1915 in die Heimat zurück transportiert, eine zweimonatige Seereise um die Südspitze von Afrika herum. Viel sahen wir. Wir ahnten nicht, dass einige Jahre später dort unser geliebtes Arbeitsfeld liegen würde.

Dann nahmst du uns wieder auf, liebes Ebersdorf. Jetzt freilich, April 1916, kam die längste Trennung von der Familie: ich wurde eingezogen. Gott sei Dank, erst als Sanitätsunteroffizier, dann als Divisionspfarrer in Frankreich und in der Türkei, zuletzt in Damaskus. Es war eine harte Zeit; doch durfte ich auch da im Dienste dessen stehen, der die Liebe ist.

In dieser Zeit, 1916, wurde uns durch Gottes Güte in Ebersdorf unser Normann beschert.

1918, aus der Türkei zurückgekehrt, saß ich zunächst ohne eigentliche Arbeit bei den Meinen in Ebersdorf. Da wurde mir ganz unerwartet der Weg in den Dienst der Landeskirche Reuß ältere Linie gewiesen, der ich durch 14 Jahre in Zeulenroda und Pölwitz dienen durfte. In Zeulenroda wurde unser Familienkreis abgerundet durch die Geburt unseres jüngsten Sohnes Meinhard. 1923 war das entscheidende Jahr, das uns zum Dienst auf unserem Missionsfelde in Südafrika, westliche Provinz, rief. Wir durften alle 5 zusammen hinausziehen und haben dort gottgesegnet Jahre verlebt, auf die wir alle dankbar zurückblicken: 2 Jahre auf unserer Missionsstation Mamre und 9 Jahre in Clarkson bei Port Elizabeth. Hier in Clarkson durfte ich am Aufbau einer werdenden Eingeborenenkirche helfen. Viel Liebe und Vertrauen von Mitarbeitern und den Eingeborenen dort, in der westlichen Missionsprovinz Mischlinge, haben wir genossen. Das Jahr 1934 schnitt wieder in unser Leben: es folgten vier Jahre Dienst als Missionsvertreter in der Heimat, in Aalen in Württemberg und Kaiserslautern in der Pfalz. Auch die waren eine Schule, in die Gott mich nahm; denn ich fühlte mich für diese Arbeit nicht geeignet. Da kam 1938 wieder eine

wunderbare Wendung. Ein erneuerter Ruf auf die
Mission zerschlug sich. Und da sich in der heimatlichen
Brüdergemeine für mich keine Stelle fand, öffneten sich mir
wieder die Wege in den Dienst der Thüringer Kirche. Ich durfte
das Pfarramt in Apfelstädt bei Neudietendorf übernehmen, wo ich
sechs Jahre lang auf Vorposten gestanden habe, die Zeit des
Nationalsozialismus und fast den ganzen letzten Krieg erlebt
habe. Anders als auf dem Missionsfest war es hier: nicht vorwärts
stürmen und entwickeln, sondern halten und Zeugnis ablegen! In
Jesu Dienst müssen wir zu allem bereit sein. Zum Schluss hatte
ich von Apfelstädt aus 7 Gemeinden zu bedienen.

In dieser Zeit durften wir durch die Heirat unserer beiden
ältesten Söhne zwei liebe Schwiegertöchter in unserer Familie
begrüßen und liebgewinnen. Später, Weihnachten 1947 kam die
dritte noch dazu. Mit allen sind wir in herzlicher Verbindung
geblieben und können uns an unseren Enkelkindern erfreuen.

Die sechs Jahre in Apfelstädt sind die zweit längste Zeit, wie wir
an einem Ort zusammenhängend in unserer langjährigen Ehe
verbracht haben, nur übertroffen durch die neun Jahre in
Clarkson. Noch war unsere Pilgerfahrt nicht zu Ende. 1944 kam
ich in mein Pensionsalter. Mein Ruhegehalt wurde mir von der
Brüdergemeine bezahlt. Und da ich, Gott sei Dank, noch rüstig
war, konnte ich in ihrem Dienst wieder eine Arbeit übernehmen.
So wurden wir zum Sommer 1944 nach Breslau berufen. Wir
lebten uns gut ein, fühlten uns wohl in unserer behaglichen
Wohnung in der Vorwerkstraße, fanden Eingang im Kreise
unserer Geschwister und Freunde, hatten die Freude, dass die
Schlussversammlung der Allianz-Gebetswoche im Januar 1945
in unserem Saal gehalten wurde. Da kam der Schlag! Am 27
Januar 1945 mussten wir auf Geheiß der Militärverwaltung
Breslau mit leichtem Gepäck verlassen. Zum zweiten Mal
verloren wir unser Eigentum. Wir wandten uns wieder nach
Thüringen, wurden freundlich von den Gräfinnen Keller auf

Schloss Steudten bei Bischleben aufgenommen, die wir von meiner Tätigkeit in Apfelstädt her kannten und als wahre Christen schätzen gelernt hatten. Ich habe den Kreis, der sich dort sammelte, noch manchen Dienst leisten dürfen. Hier erlebten wir die Freude, nach Kriegsschluss unsern jüngsten Sohn in die Arme schließen zu können. Mit ihm hatten wir Gelegenheit 1946 nach Neudietendorf übersiedeln zu können. Dort sahen wir dann auch unseren Normann 1947 wieder, der aus englischer Gefangenschaft zurückgekehrt in Marburg studierte. Ja, nur unser Enno fehlt uns. Aber er ist in Gottes Hand. Und dessen wollen wir uns getrösten! Beide Söhne fanden ihren Weg in den Dienst des Herrn im Dienst der Kirche, denen ich auch hatte dienen dürfen. Normann als Pfarrer der Brüdergemeine, und Meinhard als Katechet der evangelisch-lutherischen Kirche in Thüringen. Dank sei dir Herr und Gott der deinen, dass wir dies erleben durften!

Der Kreis unseres Pilgerganges schloss sich, als wir 1948 nach Ebersdorf ins Altenheim Emmaus übersiedeln konnten, wo wir unseren Lebensabend unter der Pflege treuer Diakonissen verbringen können. Irdische Heimat, wie bist du so traut! Wie ist Gottes Führung so wunderbar und so sicher! Noch darf ich viel helfen in der Brüdergemeine und Landeskirche. Beide Söhne mit ihren Familien haben wir in unserer Nähe.

Ich habe meine Erinnerungen mit dem „ich" angefangen, und durfte sie mit dem „wir" fortsetzen. Noch sind wir beide, die wir zusammen gehören, beisammen, trotz manchem Sturm und Drang innerlich und äußerlich. Wie wird erst der Heimgang in die himmlische Heimat sein? Daheim beim Heiland! „Selig, wer bei Freud und Schmerz in des Lebens flüchtigen Stunden hat gefunden einen guten Ankergrund in dem Bund mit dem Herrn der
Tag du Zeiten, der den Fuß bewahrt vorm Gleiten und die Seele hält gesund."

Abgeschlossen hatte ich meinen Lebenslauf 1952. Seitdem sind
10 weitere Jahre vergangen, und vieles hat sich geändert. Die
Zeiten und Verhältnisse sind anders geworden. Es ist mir Pflicht
und Herzensbedürfnis noch folgendes hinzuzufügen: 1959 habe
ich, vielleicht für manche unerwartet, wieder geheiratet. Ich habe
mit vollem Bewusstsein die Wahrheit des uralten Bibelwortes
erfahren dürfen, 1. Mose 2,18: Es ist nicht gut, dass der Mensch
allein sei! Ein Wort Gottes, der die Menschen je und je geliebt
gehabt hat und den Menschen durch und durch kennt. Das
musste ich in den sechs Jahren nach dem Heimgang von
Gertrud, 1953 bis 1959, nicht nur äußerlich, sondern auch
innerlich erfahren, und Gott fügte es wunderbar, dass sich Berta
Gittler und ich hier trafen: Flüchtling aus Breslau, war sie
schließlich mit ihrer Schwester Martha im September 1955 hier
im Altersheim Emmaus in Ebersdorf gelandet.
4 Jahre hat es gedauert, bis uns beiden es innerlich ganz klar
feststand, dass uns Gott füreinander bestimmt hatte und dass
uns ein unzerreißbares Band der Liebe umschloss. Am 5.
September 1959 durften wir das auch durch unser Jawort vor
Gottes Angesicht bekräftigen, nachdem wir alle beide durch
stürmische Wochen gegangen waren.

Wie war ich froh, dass meine beiden fernen Söhne in Afrika
diesem Schritt von Anfang an mit innerem Verständnis
gegenüber gestanden haben, dass auch meine Predigerbrüder,
die gerade im September 1959 zu einer Konferenz in Ebersdorf
vereinigt waren, von ihrer freundlichen Gesinnung keinen Hehl
machten.

Nachdem wir anfangs versucht hatten, unseren Wohnort zu
verändern, ist es nun doch schließlich dabei geblieben, dass wir
hier im Heim Emmaus geblieben sind. Es sind nun seitdem
wieder drei Jahre vergangen. Und wir dürfen es ruhig sagen: es
sind drei Jahre reichen Segens gewesen. Wir konnten es immer

wieder erfahren, dass wir einander Hilfe und Stütze sein durften und dass wir immer fester zusammenwachsen durften, Gehilfen auf dem Lebensweg und zur oberen Stadt. Gott hat uns beiden das Los aufs lieblichste fällen lassen. Es ist an uns, ihm durch Treue dafür zu danken. Dazu schenke uns Gott ein seliges Ende. Abgeschlossen, den 21 August 1962.
Gustav Reichel

Mein Dank an Schwester Edith, Fräulein Ilse Kieke und Schwester Bodenhagen für ihre treue Hilfe bei jeder Gelegenheit! den 6. Juni 1964 G.R.

19. Selma Porsche   1887-1970

Wahrlich wenn ich mir dankbarlich vor dir, alle deine
Wunderwege mit mir Armen überlege, seit ich deine bin, so
erstaunt mein Sinn.
Ja wenn ich nach meinem langen Leben an all die Bewahrungen
und Durchhilfe Gottes denke, so kann ich nur danken, loben und
staunen. Ich wurde am 9.9 1887 in Harzdorf als drittes Kind
meiner Eltern Josef und Helene Porsche geboren. Bald darauf
zogen meine Eltern, da mein Vater wegen seiner Gesundheit
einen anderen Beruf ergreifen musste, nach Gablonz ins
Sudetengau, wo ich meine Kindheit und Jugend verlebte. Als ich
6 Jahre war, starb meine Mutter an einer Embolie. Meine jüngste
Schwester, die noch nicht ein Jahr alt war, starb auch noch in
demselben Jahr. Da mein Vater viel unterwegs war, musste er
den Haushalt und die Erziehung der Kinder Fremden überlassen,
und das war nicht immer in guten Händen. So sah er sich
genötigt, nach einem Jahr wieder zu heiraten, und er fand in
Frau Julie Kaulfersch eine treue Gefährtin und liebe Mutter für
uns Kinder, die sie uns bis in ihr hohes Alter von 91 Jahren
geblieben ist. Sie hat gewiss oft nicht leicht gehabt. Wir Kinder
verlebten eine schöne Jugend und merkten nichts von den
Sorgen, mit denen die Eltern oft zu kämpfen hatten. Im Laufe der
Jahre kamen noch sechs Geschwister dazu. Da ich kleine Kinder
sehr liebte, freute ich mich jedes Mal sehr. Wir haben nie den
Unterschied gemerkt und stehen bis heute in treuer Verbindung
untereinander. Als der Erste Weltkrieg ausbrach, musste der
älteste von den Jüngeren, noch nicht 20-jährig, in den Krieg, wo
er auch gleich am Anfang fiel. Mein Vater hatte als Masseur einen
anstrengenden Beruf und als er mit 63 Jahren starb, stand
meine Mutter mit fünf noch unversorgten Kindern da. Wir
Großen waren schon außer Haus. Sie hat auch diese Arbeit
tapfer übernommen, und es ist aus allem etwas tüchtiges
geworden. Nach meiner Schulzeit wurde ich von Pfarrer Schiller
in der Gablenzer Brüdergemeine konfirmiert. Ich half dann noch

zu Hause. Als dann der Pfarrer eines Tages zu uns kam und fragte, ob ich nicht zu ihnen kommen wollte, da ihre Hilfe heiratete. Ich nahm mit Freuden an und dachte damals nicht, dass ich bald 29 Jahre Freud und Leid mit der Familie teilen würde. Frau Pfarrer hat es wohl nicht immer leicht mit mir gehabt, aber mit ihrer großen Liebe und Geduld half sie mir immer wieder zurecht. Und ich verlebte viele schöne Jahre in der Gemeinde, durfte immer die wöchentlichen Bibelstunden und Feste im Mädchenverein besuchen. So vergingen 25 Jahre, als Pfarrer Schiller in Folge eines Schlaganfalls frühzeitig in den Ruhestand gehen musste. Wir zogen nach Gnadenfrei, wo ich noch 7 Jahre mit der Familie dort verlebte. Als dann Pfarrer Schiller starb und die zwei Töchter zu Hause waren und der Mutter helfen konnten, galt es Abschied nehmen. Ich bin aber bis heutigen Tages mit Ihnen in Verbindung und habe viel Hilfe von ihnen erfahren. Ich half dann ein Jahr bei meiner Schwester bei der Pflege ihres kleinen Kindes. Als eines Tages die Anfrage kam, ob ich nicht im Pfarrhaus in Klein Kniegnitz die Hausfrau, die in der Nervenheilanstalt war, vertreten würde und die beiden Kinder von eineinhalb und 4 Jahren versorgen. Ich nahm an und verlebte zwei Jahre in der herrlichen Umgebung des Zoptens. Als der Pfarrer dann heiratete und ich frei wurde, schrieb Frau Oberin Gertrud Padel aus Niesky, ob ich nicht Lust hätte, nach Emmaus zu kommen. So kam ich zuerst als Pflegerin ins Kreis-Siechenhaus nach Lauban, wo ich 4 Monate war. Als eines Tages der Ruf kam aus Emmaus, ob ich nicht die Stelle als Waschmeisterin in Emmaus übernehmen möchte. Da ich mich in Lauban gut eingelebt hatte, hatte ich keine Lust dazu. Ich wurde aber gebeten, es zu versuchen. Ich machte noch einen Wäscherei-Kurs in Berlin mit und trat dann im Mutterhaus an, wo ich elf Jahre bis zur Flucht die Wäscherei leitete. Ich denke noch gern an mein Stübchen im Waldheim. Ich hatte schon in Niesky meine Nachbarin im Waldheim, die Rheumakranke Schwester Helene Dressler, mit versorgt. So blieben wir auch auf der Flucht zusammen und kamen nach Ebersdorf. Als dann nach dem

Zusammenbruch der Vorstand und die Schwestern nach Niesky zurückkehrten, blieb ich mit Schwester Helene in Ebersdorf, wo das Schwesternhaus als Altersheim von Emmaus übernommen wurde, und besorgte auch da noch weitere 11 Jahre die Wäsche. Da es aber mit meinem Knie immer schlimmer wurde und Schwester Helene ganz gelähmt war, wurde mir der Doppeldienst zu viel, und ich übernahm die Pflege von Schwester Helene ganz. Sie lebte noch 10 Jahre völlig hilflos, und es war nicht immer leicht, aber wir verlebten eine schöne Zeit zusammen, welche ich nie aus meinem Leben missen möchte.

Da ich nun 75 geworden war, blieb ich nach ihrem Tod als Insassin im Emmaus Altersheim, wo ich täglich dankbar für mein schönes Stückchen bin. Da meine Augen nach der Operation wieder gut wurden, kann ich mich im Kinderheim mit Stopfen noch nützlich machen. Eine große Freude erlebte ich noch, als zu meinem 80. Geburtstag, den ich bei meinen Geschwistern in Bayern verlebte, die beiden Schwestern Schiller aus Mexiko geflogen kamen und wir 14 Tage zusammen verlebten. Auch konnte ich jedes Jahr meinen Urlaub bei meinen Geschwistern verleben und habe so in meinem Alter noch viel von Gottes herrlicher Natur schauen dürfen. Voll Lob und Dank für Gottes treues Walten will ich heute schließen und mein weiteres Leben getrost in seine Hände legen.

S. Porsche. Ebersdorf. 14.4.1970

20. Konrad Reichel   1880-1953

Lebenslauf von Bruder Konrad Reichel, heimgegangen am 9. Juni 1953 im Altersheim Emmaus, von ihm selbst geschrieben.

Am 27.Mai 1880 wurde ich in Berthelsdorf bei Herrnhut als neuntes Kind meiner Eltern, dem Missionsdirektor Friedrich Eugen Reichel und seiner Frau Laura Constanze, geborene Reichel, geboren. Beider Vorfahren gehörten seit Zinzendorfs Zeiten der Brüdergemeine an. Nach 25-jähriger Tätigkeit als Lehrer, Hausgeistlicher in unserer Knabenanstalt in Lausanne und Missionsvertreter er in Montmirail in der französischen Schweiz war mein Vater 1878 in die Missionsleitung nach Herrnhut berufen worden. Ihre Wohnung hatten die Eltern, wie damals üblich, in Berthelsdorf. Zur Zeit meiner Geburt weilte mein Vater auf einer Visitationsreise in Suriname. Die ersten sechs Jahre meines Lebens verbrachte ich als kränkliches Kind in Berthelsdorf, umhegt von elterliche und geschwisterliche Liebe. 1886 zogen die Eltern nach Herrnhut infolge schwerer Erkrankung meines Vaters. Am 14. November des gleichen Jahres ging er bereits heim und anderthalb Jahre danach folgte ihm meine Mutter in die Ewigkeit.

Erst in späteren Jahren ist mir klar geworden, was das heißt, die Eltern so früh zu verlieren. Aber der Herr sorgte für mich. Geschwister Theophil Richard, von Montmirail her mit meinen Eltern befreundet, nahmen mich, den verwaisten achtjährigen Jungen, auf. Mein ganzes Leben hindurch bin ich ihnen für diese Liebe dankbar gewesen.

Zu Ostern 1891 kann ich in die Knabenanstalt nach Niesky. In ihr und im Pädagogium verlebte ich fünf Jahre ungetrübter Gemeinschaft mit lieben Kameraden, an die ich gern zurück denke. Hier wurden mir unvergessliche Lebenswerte mitgegeben. Von Bruder Paul Dober konfirmiert, kam ich Ostern 1896 in die Weberei der Brüdergemeine in Gnadenberg in die kaufmännische Lehre. Mein Lehrerherr war Bruder Hans Roy, der Bruder meines Schwagers Henri Roy, Dozent am Theologischen Seminar in

Gnadenfeld. Nach beendeter Lehrzeit erhielt ich eine Stelle auf dem Kontor der Barackenfabrik Christoph & Unmack in Niesky. Zweieinhalb Jahre blieb ich an diesem Ort, den ich von meiner Schulzeit her schon kannte und genoss hier den Verkehr mit Verwandten und Bekannten, vor allem im Hause des Direktors der Knabenanstalt, Bruder Hermann Görlitz, dessen Frau eine Base meiner verstorbenen Mutter war.

Hier fasste ich den Entschluss, für meine weitere Berufslaufbahn fremde Sprache zu erlernen. Dazu ging ich im September 1901 nach Cormondrèche in der französischen Schweiz, wo mein ältester Bruder Theodor als Gehilfe von Bruder Senft, Prediger der Brüdergemeine in Peseux, tätig war. Von Cormondrèche aus besuchte ich die Handelsschule in Neuchatel, und nahm, nachdem ich des Französischen mächtig war, eine Stelle in Genf an. In Genf lebte meine Schwester Frieda als Pflegetochter von Madame Micheli, einer frommen Dame, treuen Freundin der Brüdergemeine und ihrer Werke, besonders der Labrador-Mission. In ihrem Hause durfte ich fast jeden Sonntag einkehren und habe dort unvergessliche Stunden verlebt.

Nach 3 Jahren ging ich nach England. Die Erlernung der englische Sprache fiel mir nicht schwer, zumal da unser damaliger Prediger von Fetter Lane, London, Bruder Josef Waugh, mir tatkräftig behilflich war und ich als einziger Deutscher bei meiner Firma mit meinen englischen Kollegen in ihrer Sprache verhandeln musste.

In London lieb ich die ganzen Jahre hindurch in enger Berührung mit der Brüdergemeine in Fetter Lane und später in Hornsey. Ich habe dort auch mancherlei Dienste leisten dürfen. Meines Aufenthaltes in England erinnere ich mich gern, zumal da die Riesenstadt London so reiche Anregungen auf geistlichem und geistigem Gebiet bot.

1906 kehrte ich nach Deutschland zurück und arbeitete in Düsseldorf und in Rathenow, von wo aus meine optische Firma mich wieder in ihr Zweiggeschäft nach London schickte.

Nach zwei Jahren erhielt ich hier ganz unerwartet eine Anfrage der Herrnhuter Missionsdirektion, ob ich bereit wäre nach Suriname zu gehen, um dort in Paramaribo auf dem Vorsteher-Kontor der Mission zu arbeiten. Da der ärztliche Befund nicht unbedingt günstig, wurde vereinbart, dass ich auf ein Probejahr hinausgehen sollte. Im Dezember 1909 landete ich nach stürmische Überfahrt in Paramaribo. Hätte der Vorsteher dort nicht so gedrängt, wäre ich einen Dampfer später mit meinem Onkel Ernst Reichel hinübergefahren. Ich hätte mit ihm mein Grab in den Wellen der Biskaya gefunden.

Kurz nur war mein Bleiben in Suriname, denn der Arzt riet von längerem Aufenthalt ab. Doch sammelte ich reiche Erfahrungen auf diesem vielgestaltigen Missionsfeld der Brüdergemeine, die mir in meinem späteren Amte der Herrnhuter Missionsverwaltung zugutekamen, und meine warme Teilnahme gehörte fortan unserer Mission.

Meine Rückreise nach Hause führte mich über Demarara und die Vereinigten Staaten, wo ich in Georgetown, Betlehem und Nazareth unsere amerikanischen Brüdergemeinen kennenlernte. Nach kurzer Tätigkeit als fremdsprachiger Korrespondent in Berlin beschloss ich, noch Spanisch zu lernen, und begab mich zu diesem Zweck für einige Zeit nach Madrid.

Im März 1913 trat ich meinen Posten als englischer, französischer und spanischer Korrespondent bei einer chemischen Fabrik in Leipzig an. Eineinhalb Jahre später brach der Erste Weltkrieg aus. Da ich nicht gleich eingezogen wurde, ließ ich mich beim Roten Kreuz als Sanitäter ausbilden und tat als solcher Dienst hinter der Front in Galizien, Polen und Serbien. Nach einem Jahr wurde ich als Infanterist ausgebildet und nahm an den Kämpfen im Osten in vorderster Linie teil. Nach kurzem Aufenthalt in einem heimatlichen Lazarett kam ich auf die Dolmetscherschule in Berlin, von dort an die Westfront bis zum Ende des Krieges. 1919 konnte ich wohlbehalten in meine alte Stellung in Leipzig zurückkehren. Ich hatte manche göttliche Bewahrung und sichtbare Durchhilfe erfahren.

Im Jahr 1919 verlobte ich mich in Gnadau mit Schwester Emilie Bauer, der jüngsten Tochter des 1899 verstorbenen Predigers in Neuwied, Bruder Johann Bauer. Am 22. November 1919 fand unsere Trauung in Ebersdorf statt, die Bruder Wolfgang Williger hielt.

Trotz wirtschaftlicher Schwierigkeiten der Inflationszeit haben wir unvergesslich schöne Jahre erst im Westen und dann im Norden von Leipzig in unserer engen Wohnung verlebt. Im April 1921 wurde unser ältester Sohn Manfred, 2 Jahre darauf der zweite, Hartmut, geboren. Bei den regelmäßigen Zusammenkünften der Mitglieder und Freunde der Brüdergemeine lernten wir zahlreiche, uns innerlich nahestehende Freunde kennen, mit denen wir uns zum Teil noch heute verbunden fühlen.

Im Frühjahr 1926 erreichte mich die Anfrage, ob ich als Nachfolger von Bruder Woldemar Richard, der nach Suriname berufen war, in die Missionsverwaltung einzutreten bereit wäre. Ich nahm das Anerbieten gern an, führte es mich doch in die Brüdergemeine und an die Stätte meiner frühesten Jugend zurück. So siedelten wir im Mai 1926 gern von Leipzig nach Herrnhut über. Bald wuchs ich mit Freuden in den ganz anders gearteten Pflichtenkreis hinein.

Schon nach eineinhalb Jahren beauftragte mich unsere Missionsdirektion mit einer Revisionsreise nach Südafrika betreff unserer geschäftlichen Unternehmungen dort. Am 18. Oktober 1927 verließ ich Hamburg und landete nach genussreicher Seereise drei Wochen später in Kapstadt, freundlich empfangen von Bruder Richard Marx, dem damaligen Präses. In den folgenden vier Monaten besuchte ich alle unsere Missionsstationen in Südafrika-West, und die wichtigsten in Südafrika-Ost. Vor allem war es meine Aufgabe die finanzielle und wirtschaftliche Lage unserer kaufmännischen und landwirtschaftlichen Betriebe kennenzulernen und die Vorbedingungen für Ihre Verpachtung in privater Hand zu schaffen. Ich nahm die angenehmsten Erinnerungen an die Zeit im sonnigen Südafrika mit nach Hause. Während meines dortigen Aufenthaltes wurde am 15. Februar 1928 in Herrnhut unsere Tochter Gisela geboren, ein rechtes Gottesgeschenk, denn wir hatten uns ein Töchterchen gewünscht. Zu ihrer Taufe am 22 April war ich wieder daheim bei den Meinen.

Es folgten nun 13 Jahre ruhiger, ungestörte Arbeit in der Missionsverwaltung und Mission-Agentur. In diese Zeit fielen mehrere wichtige Zusammenkünfte in Herrnhut: die Generalsynode im Mai 1931, die Tagung des Internationalen Missionsrates im Juni 1932 unter Vorsitz von John Mott, wenige Wochen später am 21. August 1932 die 200-Jahr-Feier des Beginnes unsere Mission, alles Veranstaltungen, die reich an Anregungen waren und uns die Werke unserer kleinen, doch weltweiten Brüdergemeine und die Missionsarbeit der Kirchen in aller Welt vor Augen führte.

Auch sonst gab es Anregungen in Herrnhut: ich denke da an die regelmäßigen Tagungen der Provinzialsynoden, Missionswochen und ähnliche Zusammenkünfte.

Als im September 1939 der zweite Weltkrieg ausbrach, wurden unsere Söhne zwar nicht sofort eingezogen, aber im Jahr 1941 traten beide ins Heer. Da der Rendant der Gnadauer Mädchenanstalt aus dem Amt schied, wurde ich gebeten, dieses Amt für die Zeit des Krieges zu übernehmen. Ich nahm den Ruf an. Obgleich nicht leichten Herzens, siedelte ich im November 1941 nach Gnadau über und ließ ein halbes Jahr darauf meine Familie nachkommen. Mit der Zeit lebten wir uns ein. Dankbar waren wir, dass unsere Tochter bis zum Abschluss der mittleren Reife bei uns bleiben konnte. Am 22 November 1944, nur wenige Monate vor dem erschütternden Kriegsende, durften wir unsere Silberhochzeit begehen.

Im April 1945 mussten wir für fünf Wochen unsere Wohnung den amerikanischen Truppen einräumen. Wenige Wochen darauf hatten wir die Freude, dass unsere beiden Söhne gesund aus dem Kriege zurückkamen.

Am 1. April 1948 trat ich in den Ruhestand. Uns wurden von der Anstaltsleitung zwei freundliche Zimmer zur Verfügung gestellt im Alten Seminar, wofür wir sehr dankbar waren, so gern wir auch unter normalen Verhältnissen nach Herrnhut zurückgekehrt wären. Die beiden letzten Jahre im Amt wurden durch die Erkrankung meiner lieben Frau getrübt an deren Folgen sie jetzt noch leidet. Es war mir eine Beruhigung, dass ich ihr Hilfe leisten konnte, zumal da sie schließlich noch ihren rechten Arm verlor.

Blicke ich auf mein reichbewegtes Leben zurück, so ist mein Herz voll Lobes und Dankes für all die Barmherzigkeit und Durchhilfe, die ich durch Gottes Güte erfahren durfte, im Inneren wie im Äußeren, trotz beschämender Undankbarkeit und Untreue meinerseits!

Ich kann da nur mit dem Sänger des 103. Psalms sprechen: "Lobe den Herrn, meine Seele, und vergiss nicht, was er dir Gutes getan hat!"

Und mit den Worten des Liederdichters Ludwig Andreas Gotter meinen Lebenslauf beschließen: "Wahrlich, wenn ich überlege, mit was Lieb und Gütigkeit durch so viel Wunderwege mich geführt die Lebenszeit, so weiß ich kein Ziel zu finden, noch die Tiefe zu ergründen. Tausend, tausend Mal sei dir, großer König Dank dafür."

Seine Gattin fügt noch hinzu:

Im Herbst 1949 siedelten wir in das Altersheim Emmaus in Ebersdorf über, wo wir sehr liebevoll aufgenommen wurden. Seinen 70. Geburtstag feierte Vater noch fröhlich und Kreise von Verwandten und Bekannten. Auch am Besuch der Kinder im Sommer 1950 hatte er viel Freude und nahm an gemeinsamen Ausflügen teil. Bald danach verschlimmerte sich sein Leiden, dass sich bis dahin nur von Zeit zu Zeit bemerkbar gemacht hatte. Besonders im letzten Jahr steigerte sich seine Krankheit, sodass er viel das Bett hüten musste. Er trug alles mit großer Geduld und klagte selbst nie über Schmerzen.

Vater wollte sich auch hier in Ebersdorf nützlich machen. So half er im Büro des Kirchenrechners bis zum März dieses Jahres. Die

Hochzeit seines Sohnes zu Ostern und sein 73. Geburtstag waren noch einmal Lichtpunkte in den letzten schweren Wochen.

Am 9. Juni abends nahm ihn der Herr zu sich.

Es ist mir ein großes Anliegen, der Leitung des Altersheimes, allen Schwestern und der Mitarbeiterinnen einen sehr herzlichen Dank auszusprechen für die liebe Pflege und Hilfe, die sie ihm in den letzten Wochen erwiesen haben.

21. Theodora Schiewe 1903-1983

Wenn ich Rückschau halte auf meinem Lebensweg, so muss ich
bekennen: "In wie viel Not hat nicht der gnädige Gott über mir
Flügel gebreitet." Es ist eine große Gnade, wenn man die
Durchhilfen und Bewahrungen Gottes in seinem Leben erkennen
darf und darüber dankbar wird. Noch heute geschehen sichtbare
Wunder, die ich auch in meinem Leben erfahren habe.
Geboren wurde ich am 28.06.1903 in Engotini, Südafrika-Ost.
Eigentlich war es noch der 27.06., da aber unsere Uhr so weit
vorging, wurde ich auf den 28.06. Eingetragen. Ich behielt mir
aber mein Leben lang das Vorrecht, aus dieser Tatsache schon
am 27.06. Meine Geburtstagspost lesen zu dürfen.
Meine Eltern waren Missionar Karl Imanuel Gericke (geboren in
Grönland) und Elisabeth geb. Wagner (geboren in Südafrika) aus
der Sippschaft der Halbecks, die noch in der vierten Generation
zusammen hielten. Ich war das vierte Kind meiner Eltern und
erlebte eine sonnige Kindheit in Afrika. Schon mit 2 Jahren
machte ich den Umzug meiner Eltern nach Ezincuka ins
Tembuland in einem Ochsenwagen mit, der drei Wochen
unterwegs war. Meine Erinnerungen an Ezincuka sind mir noch
sehr deutlich. Der Talkessel, in dem die Station lag, war von sehr
hohen Bergen umgeben, in denen die Gemeindeglieder wohnten.
Mein Vater konnte die dazugehörigen Außenstationen nur auf
dem Pferde reitend erreichen und war viel unterwegs. Hier in
Ezincuka erlebte ich auch den Schmerz der Eltern mit, als sie ihr
ältestes Kind nach Europa zur Schulausbildung geben mussten.
Mit meinem älteren Bruder war ich unzertrennlich. Wir genossen
die Weite und die Freiheit des Landes. Unvergesslich sind auch
die Besuche in Tinana bei Geschwister Marx, wobei ihre Tochter
Mieki uns Geschichten erzählte, die noch in meinen Kindern und
Enkeln weiterleben. Weihnachten feierten wir in der größten
Hitze, sodass die Kerzen in der Christnacht sich bogen und nach
unten tropften und ein reizendes Wachspüppchen, dass ich in
der Weihnachtsnacht bekam, in meinem Bett zerschmolz. Das

Lied "Oh du fröhliche..." auf kaffrisch gesungen, gehört noch heute in meiner Familie zu jedem Weihnachtsfest.

Der Neubau des Missionshauses hatte meinen Vater so angestrengt, dass sein Lungenleiden, dass er in seiner Lehrzeit hatte, wieder aufbrach und er dem anstrengenden Dienst nicht mehr gewachsen war. So wurde er nach Gosen versetzt in der Hoffnung, dass sich sein Leiden bessern würde. In Gosen wurde meine jüngste Schwester Lorle geboren, die wiederum unzertrennlich war mit meinem jüngeren Bruder. Da sich das Leiden meines Vaters nicht besserte, mussten meine Eltern im Jahr 1910 nach Deutschland zurückkehren. Mit anderen Missionsgeschwistern und anvertrauten Kindern, die nach Kleinwelka zur Schule sollten, fuhren wir Ende Mai von Port Elisabeth über Kapstadt ab. Die vierwöchige Schiffsreise war für uns Kinder sehr vergnüglich. Wir spielten bei schönem Wetter auf dem Deck und bewunderten in Lüderitzbucht die Taucher, die geschickt nach Gold tauchten. Wir erlebten den festlichen Übergang über den Äquator und gelangten durch den Kanal zwischen England und Holland nach Hamburg.

An meinem 7. Geburtstag fuhren wir von Hamburg nach Herrnhut und ich war sehr traurig, dass mein Geburtstag nicht gefeiert wurde. Doch fand ich in Herrnhut einen hübschen Gabentisch vor, den mein Großvater, Bruder August Wagner, mir aufgestellt hatte.

Für uns Kinder, die wir die Weite und Freiheit Afrikas gewohnt waren, wurde es sehr schwer, uns daran zu gewöhnen vier Treppen zu unserer Wohnung in Herrnhut hinaufsteigen zu müssen und im Garten nur auf bestimmten Wege gehen zu dürfen. Unser Großvater August Wagner hatte großes Verständnis für uns.

So durften wir in seinem Garten herrliche Feste feiern, in seiner Werkstatt seine Handfertigkeiten bewundern und wurden Weihnachten reich von ihm geschenkt. Großvater war ein Jahr vor uns aus Afrika gekommen und hatte das schwere Erleben auf dem Schiff gehabt, dass Großmutter starb und ins Meer versenkt werden musste. Für uns Kinder blieb das ein unfassliches Ereignis.

Da ich sieben Jahre wurde, als wir nach Herrnhut kamen, hätte ich gleich ins erste Schuljahr eintreten müssen. Durch die Pockenimpfung zog ich mir aber Waderrose zu, die mich über ein halbes Jahr ans Bett fesselte. Schwester Schulz, die Klassenlehrerin, kam zu uns und unterrichtete mich bis ich soweit wieder hergestellt war, dass ich Ostern 1911 ins zweite Schuljahr eintreten konnte. Ich war keine besonders gute Schülerin, aber Zeichnen und Aufsatz schreiben lag mir sehr. Mein älterer Bruder, mit dem ich so innig verbunden war, kam nach Kleinwelka in die Knabenanstalt. So freuen wir uns sehr auf die Ferien. Meine Mutter verstand ist sehr gut uns die Ferien sehr schön zu gestalten. Oft war wir den ganzen Nachmittag im Wald, spielten an einem Bächlein und bauten Mooshäuschen oder sammelten Beeren. Auch Abendbrot wurde noch in der schöne Waldluft genossen. Manchmal gestalteten wir auch einen Abend im Garten festlich mit Lampions und bengalischer Beleuchtung. Manche schöne Ausflüge machte sie auch mit uns und erzählte uns unterwegs Geschichten.

Mein Vater war inzwischen mehrmals zur Kur in Schreiberhau. Er arbeitete in seinem alten Beruf als Buchbinder. Die großen Pressen und dicken Bücher interessierten uns Kinder sehr. Später arbeitete er als Buchhalter bei Abraham Dürninger.

In das Leben der Gemeine wurden wir schon als Kinder stark hinein genommen. Wir hatten als erste Stunde jeden Tag Religion, am Sonntag und am Mittwoch waren die Kinderstunden. Das Kinderfest wurde uns sehr wichtig gemacht. Beim Begegnen auf der Straße wünschte mir einmal Bischof Bruder Becker Gottes Segen zum Kinderfest und gab mir die Hand, das blieb mir sehr eindrücklich.

Es war mir ein Herzensanliegen, mein Leben mit dem Heiland zu leben. Ich vertraute ihm alle meine Kümmernisse und Freuden an und ließ, wenn ich die Treppe hinauf oder hinab ging, für ihn den Platz zwischen dem Geländer und mir. Die großen

Kinderliebesmahle, Hosianna-Stunden und Missionsfest sind mir heute noch sehr in der Erinnerung. In der Singstunde und durch das Lernen der Wochenverse eigneten wir uns einen großen Liederschatz an. Zwar kam ich nicht so weit wie mein Großvater, der nie ein Gesangbuch in die Kirche mitnahm, weil er alle Verse des Gesangbuches auswendig konnte.

In einer Evangelisation während meiner Schulzeit wurde viel von Bekehrung gesprochen und Beispiele erzählt von Menschen, die eine plötzliche Bekehrung erlebten und aus einem Sündenleben ein neues Leben anfingen. Ich glaubte, dass man erst eine wirkliche Bekehrung erleben könnte, wenn man vorher in der Gottesferne war. So legte ich meinen Umgang mit dem Heiland und meinem kindlichen Glauben bewusst ab, um dann ein wirklich bekehrter Mensch zu werden. Es hat mir viel innere Not, Unglücklichsein und Zweifel gebracht. Auch von viel Angst, besonders im Dunkeln wurde ich geplagt. Doch hatte ich niemanden, dem ich mich anvertrauen konnte.

Die Jahre des Ersten Weltkrieges brachten viel Entbehrungen und Hunger für uns, in die Schule konnten wir nur eine Sirupstulle mitnehmen. Mein Großvater, an dem ich sehr hing, starb plötzlich an einem Herzschlag. Ich truggroße Trauer um ihn. Die Kriegszeit zehrte auch sehr an der Gesundheit meines Vaters. Er ging nach längerer Krankheit heim und der Begräbnistag traf auf meinen 15. Geburtstag. Für meine Mutter war es sehr schwer uns fünf Kinder mit ihrer sehr kleinen Missionswitwenpension durchzubringen. Sie ließ es uns aber nicht merken und wurde uns allen ein Vorbild im Sparen. Aus allem konnte sie noch etwas Brauchbares machen. Wir danken es ihr in späteren Jahren, als wir in großer Not während unserer Flüchtlingszeit 1945 waren, sehr.

Den Konfirmandenunterricht hatten wir im neuen Schuljahr bei Bruder H.S. Reichel, dem Prediger von Herrnhut. Er hat uns diese Zeit sehr wichtig gemacht, und sie ist uns allen zu großem Segen geworden. Das „Sprechen" der einzelnen wurde zu einer wirklichen Beichte in innerer Aufrichtigkeit und führte uns dazu, am Konfirmationstag in großem Ernst und Freudigkeit das Bekenntnis zu sprechen und am Abendmahl teil zu haben. Viele Jahre blieben wir mit Bruder Reichel im innern Kontakt und Dankbarkeit verbunden. Meine Mutter gestaltete den Konfirmationstag sehr schlecht im engen Familienkreis ohne Geschenke. Zugleich war es der Abschied aus meiner Schul- und Kinderheimat in Herrnhut.

Mit dem beginnenden neuen Schuljahr trat ich mit fünf meiner Klassenkameradinnen in Gnadau ein, um das zehnte Schuljahr zu machen. 1920 traten wir 5 Herrnhuter ins Lehrerinnenseminar in Gnadau ein. Trotz ernsten Lernens hatten wir auch viel Frohes in diesen Jahren der Gemeinsamkeit: Theaterbesuche in Magdeburg mit nächtlicher Rückwanderung von Schönebeck, Ausflüge in den Harz, Feste mit Aufführungen, Schlittschuhlaufen auf der gefrorenen Elbe oder dem gegossenen Anstalthof, Baden in der Elbe und in den Wesppner Teichen. Es war ja die Zeit der Wandervogel-Bewegung. Es machte uns nichts aus, einen Marsch von 30 km zu machen. Den Fläming durchwanderten wir an mehreren Tagen mit Abkochen im Freien und Übernachten im Heuboden. Das Arbeiten kam nicht zu kurz, der Tag war streng an die Hausordnung eingeteilt, die nicht übertreten werden durfte. Täglich waren 8 Schulstunden, davon zwei nachmittags. Bruder Hafa war unser strenger Direktor. Er hielt uns Religion, die uns wohl zeitlebens unvergessen geblieben ist.

Die Reifeprüfung des Oberlyzeums legte ich 1923 ab und die Lehramtsprüfung 1924, die uns berechtigte an Lyzeen, höheren Mädchen- und Mittel- und an Volksschulen zu unterrichten. In meine erste Lehrerinnen-Stelle wurde ich zum 1 Oktober 1924 nach Gnadenfrei in Schlesien als Schul- und Stubenlehrerin durch die Behörde in Herrnhut berufen. In dieser Stellung war ich 4 1/4 Jahr lang. In der Schule hatte ich, außer meiner Klasse, auch die Biologie-, Physik- und Chemie-Stunden in den oberen Klassen von Quarta bis Obersekunda, 26 Wochenstunden, die mir große Mühe machten. Eine Zeit lang hatte ich auch die Haushaltungsschülerinnen des Schwesternhauses, die z.t. älter waren als ich, in Literatur, Berufskunde und Zeichnen zu unterrichten.

Im April 1927 ging meine liebe Mutter ganz plötzlich an einem Schlaganfall heim, als ich gerade aus den Osterferien wieder nach Gnadenfrei zurück gefahren war. Leider traf ich sie nicht mehr lebend an. Nicht von ihr Abschied nehmen zu können und ihr noch einmal danken zu können für ihre Liebe, war mir ein so großer Schmerz, dass ich nie darüber hinweg kam. Die Trauer überschattete mich so sehr, dass ich aus dem Lehrberuf austreten und mich in Emmaus als Schwester anmelden wollte. In dieser trat die Bekanntschaft mit meinem Mann Emanuel Schiewe in mein Leben. Wir kannten uns zwar aus der Zeit seines Studiums in Herrnhut und von seinen Ferienaufenthalten von Niesky her. Er konnte nicht in sein Elternhaus fahren, dass nach dem 1. Weltkrieg im polnischen Korridorgebiet lag. Auch er hatte im gleichen Jahr seine Mutter verloren, ohne sie noch einmal sehen zu können. Dieses gleiche schmerzliche Erleben verband uns sehr. Wir verlobten uns Ostern 1928. Für meine Hochzeit zu Ostern 1929 musste ich alles selbst bedenken und vorbereiten, da ich ja kein Elternhaus mehr hatte. Den Polterabend feierten wir in der Missionsschule bei Geschwister Theo Günther. Er hielt auch unsere Trauung am 1. April, 2. Osterfeiertag, im Herrnhuter Saal über den Text: „Sei mir ein starker Hort, dahin ich immer fliehen möge, der du zugesagt hast, mir zu helfen; denn du bist mein Fels und meine Burg." (Psalm 71,3). Wir hatten uns diesen Text gewählt, einmal, weil mein Mann in der Verlobungszeit darüber zu predigen hatte und wir ihn gemeinsam vorbereitet hatten, und zum anderen, weil wir rechneten, dass wir keinem leichten Leben entgegen gingen.

Mein Mann war während seines Studiums von der Direktion der Brüder-Unität gebeten worden, zu versuchen, die polnische Staatsangehörigkeit zu erwerben, um im großen Werk der polnischen Diasporaarbeit der Brüdergemeine arbeiten zu können.

Seit dem Ersten Weltkrieg war es nicht mehr möglich, dass
Deutsche dort arbeiteten. Verschiedene Schweizer Brüder hatten
sich für begrenzte Zeit zur Verfügung gestellt. Das große Werk
unter den Auslandsdeutschen, in dem die Brüdergemeinde 150
Jahre gearbeitet hatte, drohte zum Erliegen zu kommen.
Aufgrund dessen, dass mein Mann im Sosnow bei Radom (Süd-
Ost Polen) geboren war und seine Eltern jetzt im polnischen
Korridorgebiet wohnten, sollte der Antrag gestellt werden. Die
Verhandlungen in den Außenministerien zogen sich hin;
schließlich wurde er als staatenlos erklärt.
Wir waren nun zunächst nach Gnadenberg (bei
Bunzlau/Schlesien) in unsere erste Pfarrstelle berufen worden. In
diesem kleinen, stillen Ort waren wir das einzige junge Ehepaar,
alle anderen waren im Alter von 60-90 Jahren. So baten wir den
Gemeingeschwister, uns nicht als ihre Kinder, sondern als ihre
Enkel anzusehen, denen man vieles nachsieht, was sie falsch
machen. Es entspann sich nun ein innig liebendes Verhältnis.
Als unser erster Sohn, Dieter, geboren wurde, waren es 81 Jahre
her, dass ein Kind in der Predigerwohnung geboren wurde. Von
den Gnadenberger erfuhren wir viel Liebe und Freundlichkeit.
Als wir uns immer mehr in unserer Arbeit eingearbeitet hatten
und gar nicht mehr daran dachten, dass noch etwas aus den
Verhandlungen über die polnische Staatsangehörigkeit werden
würde, traf uns wie ein Blitz aus heiterem Himmel die Nachricht,
dass nach siebenjährigen Verhandlungen schließlich die Wiener
Schlichtungskommission die Angelegenheit positiv entschieden
hätte und wir die polnische Staatsangehörigkeit erhielten.
Daraufhin bekamen wir eine Berufung in die Arbeit der
Brüdergemeine in Lodz Es kostete uns sehr viel, dazu ein „Ja" zu
finden und die so schön angefangene Arbeit im lieben
Gnadenbergel aufzugeben. Noch ein ganzes Jahr verging, bis wir
Pass und Einreise nach Polen bekamen. In dieser Zeit wurde
unser zweiter Sohn, Helmut, geboren.
Unser Wohnsitz wurde nun Lodz, und es galt sich nicht nur in
die Großstadt (600 000 Einw.), sondern auch in die ganz anderen

Verhältnisse einzuleben und die Menschen kennen zu lernen in ihrer besonderen Art, die von dem Zusammenleben mit Polen und Juden geprägt war. Mir fiel es sehr schwer, und ich hatte viel unter Heimweh zu leiden. Die Mitglieder der Brüdergemeine wohnten weit verstreut in der ganzen Stadt und hatten weite Wege zum Brüdergemein-Saal in der Zoromskiego 56. Dieser Saal war 1913 erbaut, die Versammlungen wurden Sonntagnachmittag 3 Uhr gehalten. Am Vormittag gingen die Geschwister in die drei großen evangelischen Kirchen, zu denen sie als Glieder der Landeskirche gehörten. Der Besuch in unserem Saal war immer gut, besonders der Kindergottesdienst am Sonntagvormittag. Da ein Drittel der Bewohner der Stadt Juden waren und auch unser Haus von Juden umgeben war, lernten wir ihr Leben sehr gut kennen. Wir sahen, wie sie ihre Gebetsstunden mehrmals am Tage in einer alten Schule abhielten, sich die Gebetsriemen umbanden und sich beim Nennen des Gottesnamens jedes Mal verbeugten. Beim Passafest konnte man auch die ungesäuerten, flachen Brote kaufen. Für mich war es ein neues Erlebnis zu sehen, wie das Alte Testament mit allen Sitten und Gesetzen jetzt noch gehalten wurde.

In Lodz wurde unser dritter Sohn, Reinhard, geboren. Nach 2 Jahren Lodz mussten wir wieder den Wanderstab nehmen und nach Westpreußen, damals polnisches Korridorgebiet, umziehen., weil wir eine Berufung in die Brüdergemeine Richnau (Groß-Reichenau) bei Thorn erhalten hatten. Richnau war in den Jahren 1905-1909 entstanden durch deutsche Rücksiedler aus Russland. Der Saal der Brüdergemeine wurde bei dem früheren Gutshaus, das Pfarrhaus wurde, gebaut und 1913 eingeweiht. Nach dem Ersten Weltkrieg kam das Gebiet an den polnischen Staat. Zu Richnau gehörte ein großer Reisebezirk von 20 Ortschaften. So war mein Mann die ganze Woche unterwegs; am Wochenende hielt er die Konfirmationsstunden und am Sonntag drei Gottesdienste in Richnau, Schönsee und Heinrichberg. Die Bibelstunden hielten in seiner Abwesenheit die „Versammlungshalter", die auch manche Lesepredigt übernahmen; es waren Brüder aus dem Ältestenrat. Die Religionsstunden hielt ich, ebenfalls den Kindergottesdienst, die Kindernachmittage und die Frauenstunden. In der Weihnachtszeit übten wir oft Verkündigungsspiele ein. Zu den Jugendrüstzeiten kamen oft 100 Jugendliche. Auch zu den Chorfesten, Missionsfesten usw. kamen die Geschwister aus dem Bereich mit Pferd und Wagen, so dass dann der Platz um die Kirche voller Wagen stand. An die Richnauer Zeit denken auch unsere Söhne gern zurück. An das Haus schloss sich der Park mit dem Teich an, und auch ein Bach floss weiter hinten durch. So hatten sie große Freiheit zum Spielen. Sehr schön waren für die Kinder auch die Besuche in Knappstädt bei Kulmsee auf dem Gut des Onkels, wo wir oft die Ferien verbrachten. Einmal machten wir in den Ferien eine Schifffahrt auf der Weichsel von Thorn bis Danzig mit den beiden ältesten Kindern. In Richnau wurde unser vierter Sohn, Günther, geboren, als der Vater gerade auf Reisen war.

Im Jahr 1935 wurde die Diasporaarbeit der Brüdergemeine in Polen verselbständigt. Die Leitung übernahm der Brüderrat, zu dem mein Mann als Präses gehörte. Das Werk vergrößerte sich von 3 auf 9 Hauptstationen mit 15-20 Außenstationen.

Ab 1939 fingen die Unruhen vor dem Zweiten Weltkrieg an, die immer größer wurden und sich gegen die Deutschen im Lande richteten. Mein Mann brachte mich vor Ausbruch des Krieges mit den vier Kindern nach Herrnhut, damit wir in Sicherheit sein sollten. Er reiste wieder zur Gemeinde zurück, aber am 1. September 1939 wurde er verhaftet und kam in die Verschleppung in das Konzentrationslager Bereza Kartuska hinter Brest, wo er es sehr schwer hatte und nur wie ein Wunder am Leben blieb. Nach dem Polenfeldzug wurden wir deutsch, aber mit der nationalsozialistischen Zeit kamen auch große Schwierigkeiten. Pfarrhaus und Saal wollten sie für ihre Zwecke beschlagnahmen. Auch die Reisetätigkeit meines Mannes wurde erschwert dadurch, dass nur in kircheneigenen Räumen Versammlungen gehalten werden durften. So war mein Mann oft in großer Gefahr. Unsere drei ältesten Kinder gaben wir nach Niesky auf die Schule, damit sie eine gute Ausbildung haben sollten. 1942 wurde unser fünfter Sohn, Sieghard, noch in Richnau geboren.

Weihnachten 1944 feierten wir noch in Richnau, mussten aber am 21. Januar 1945 auf die Flucht, nicht ahnend, dass wir nicht mehr zurückkommen könnten. Wir waren oft in großen Schrecken und Lebensgefahr. Mein Mann setzte mich mit den fünf Kindern und mit unserer Gemeindeschwester in den Zug, damit wir schneller vorwärts kommen sollten. Er selbst zog mit dem Pferdetreck auf Dorfes über Pommern und Mecklenburg und war schließlich nach einem Traum nach Gnadau gefahren, wo er dann eine Berufung in das dortige Predigtamt erhielt. Ich kam mit den Kindern zunächst ins Warthebruchgebiet, wo wir das Kriegsende erlebten. Durch viele Schwierigkeiten, aber wunderbaren Bewahrungen, kamen wir dann Ende Juni/Anfang Juli 1945 nach 17 Tagen und fast 300 km Fußmarsch über Küstrin, Cottbus nach Grünewald bei Kamenz, wo ich meine Schwester nicht mehr lebend antraf. Anfang August 1945 fanden wir uns mit meinem Mann in Gnadau, und die ganze Familie war wieder beisammen.

Der Neuanfang wurde uns sehr erleichtert dadurch, dass Geschwister Hermann Schmidt uns in ihre Wohnung aufnahmen und die Gnadauer Geschwister uns mit allem aushalfen, was wir nicht mehr hatten. Sehr günstig war es auch, dass die Schule im August 1945 wieder begann und die Kinder die Oberschule im Ort hatten und nach dem Abitur zum Studium kamen. Dieter und Helmut begannen das Theologiestudium und Günthi lernte nach Abschluss der Schule das Tischlerhandwerk. 1950 erlebten wir noch den 50. Geburtstag meines Mannes in Gnadau, ehe wir auf unsere Berufung nach Ebersdorf weiterzogen. In Ebersdorf fiel es uns erst schwer, die Treppen zu der Pfarrwohnung über dem Kirchensaal zu bewältigen. Wir freuen uns an der waldreichen Gegend und den schönen Spaziergängen. Reinhard konnte in Lobenstein sein Abitur machen und wurde nach einem

Jahr, in dem er als Hilfspfleger im Ebersdorfer Krankenhaus gearbeitet hatte, zum Medizinstudium in Jena zugelassen. Da Günther nicht auf die Ingenieurschule kam, ging er 1956 nach Westberlin und absolvierte sie dort. Sieghard wurde nicht zur Oberschule zugelassen. So gaben wir ihn 1957 nach Westberlin. Leider kam dann 1961 die Grenze und er konnte nicht mehr zurück. Er wurde dann Lehrer.

Meinen 50. Geburtstag und unsere Silberhochzeit feierten wir im großen Familienkreis in Ebersdorf. Einen sehr netten Bibelkreis fanden wir mit Dr. Birmele, Dr. Hrzia, dem Bürgermeister Martin und dem Pfarrer Strümpfel aus Friesau, der uns viel inneren Gewinn gab.

1959 erhielten wir eine Berufung nach Neudietendorf. Es fiel uns sehr schwer noch einmal anzufangen, zumal die Arbeit größer war und die Gesundheit meines Mannes schon recht angeschlagen war. Eine große Freude war es uns, dass wir uns Neujahr 1964 durch das Passierscheintreffen mit allen unseren Kindern und ihren Familien in Berlin treffen und wiedersehen konnten. Wir ahnten nicht, dass es das letzte Mal sein würde. Am 4.7.1964 erlitt mein Mann einen Herzinfarkt und er musste siebeneinhalb Wochen im Krankenhaus in Erfurt liegen. Es schien so, dass er bald entlassen werden konnte, da setzte am 26.08. 1964 eine Lungenembolie seinem Leben ein schnelles Ende. Wie jeden Morgen hatte er auch an seinem Sterbetag mit seinem Mitpatienten den Morgensegen gehalten, die Losung gelesen und für den einen Patienten, der an diesem Tag entlassen wurde, besonders gebetet. Dies Gebet waren seine letzten Worte, wie uns seine Mitpatienten berichteten. Mir war es sehr schwer, dass wir uns nicht mehr verabschieden und ich ihm nicht mehr für alles danken konnte.

Als Nachfolger im Predigtamt in Neudietendorf wurde Helmut mit Familie berufen. Ich fand dann in der Neudietendorfer Gemeinde noch Aufgaben an Alten und Einsamen. Ich suchte sie mir nicht selbst, es ergab sich jedes Mal, und wenn der eine gestorben war, hatten es anderen nötig. Auf dem Gottesacker betreute ich auch

einige fremde Gräber. 1974 erhielt Helmut mit seiner Familie eine
Berufung nach Niesky, so blieb ich allein in Neudietendorf.
In den letzten Jahren machte ich einige Reise: zu den
Verwandten, zu den Kindern, aber auch in unser früheres
Gnadenbergel und nach Richnau bei Thorn; und 1968 sollte mein
lang ersehnter Traum zum Großglockner erfüllt werden.
Meinen 65. Geburtstag feierten wir mit einem Familientreffen in
Berlin und einer Schifffahrt auf dem Müggelsee. Ein großes
Familientreffen hatten wir an meinem 70. Geburtstag in
Neudietendorf mit allen Kindern, Schwiegertöchter und 9
Enkeln. Bei unserem nächsten Familientreffen, meinen 75.
Geburtstag, den wir in Ebersdorf feierten, bekamen Dieter und
Dietgard keine Einreiseerlaubnis. So fehlten sie mir sehr, denn
die anderen waren alle da. Zu den Festtagen, Taufen und
Konfirmationen in den einzelnen Familien fuhr ich hin.
Inzwischen war 1979 ein zehntes Enkelchen hinzugekommen.
Nachdem ich 22 Jahre in Neudietendorf war (so lange Zeit war
ich sonst nirgends in meinem Leben), zog ich im Februar 1981
wieder nach Ebersdorf, diesmal ohne Familie, wo ich im
Altenheim Emmaus Aufnahme fand. Nun habe ich mich schon
gut in meiner neuen Lebenskreis eingelebt.
Ich darf bekennen: "Der Herr hat alles wohl bedacht und alles,
alles recht gemacht, gebt unserm Gott die Ehre!"

22. Anna-Marie Neisser 1718-1758

Unsere liebe selige Schwester Anna Marie Neisserin ist geboren in Ulm 1718, den 30. Januar. Sie war von ihrer Kindheit an unruhig, und wie nachher die erweckten Leute Versammlungen hielten, war sie mit in ihrer Gemeinschaft. Sie hatte ein großes Verlangen nach der Gemeine, weil aber die erweckten Leute damals sehr untern Druck waren, machte sie sich in der Stille nach Stuttgart, von daher brachte sie der Rat Moser[18] anno 1743 mit sich hierher nach Ebersdorf. Das Jahr darauf anno 44 wurde sie in die Gemeine aufgenommen, und anno 45 den 1. März wurde sie des Leichnams und Blutes Jesu teilhaftig. Anno 47 zog sie ins Chor-Haus, gegen ihre Arbeiterinnen war sie offenherzig und gerade, und gegen das Lämmlein und seine Wunden hatte sie ein zärtliches und gefühliges Herz. Ihr kindlicher und einfältiger Charakter im Umgang mit dem Heiland und auch mit den Schwestern, machte, dass sie durchgängig geliebt wurde. Ihre Chor-Gnade war ihr unaussprechlich wichtig, und so brachte sie ihrer Zeit in der Stille als ein seliges und an Marter-Person ihres Bluts-Bräutigam attachiertes Jungfräulein recht vergnügt zu, und dieses machte ihr auch die Beschwerlichkeit ihrer kränklichen Hütte sehr erträglich. Da sie schon bei vier Jahren fast keine gesunde Stunde gehabt. Ihr einiger Trost bei ihren kränklichen Umständen war die Hoffnung, dass es eine Gelegenheit sein würde, den von ihr so zärtlich geliebten Bräutigam bald zu sehen. Den 2. Mai musste sie sich großer Schwachheit halber ganz in die Krankenstube begeben, sie freute sich, dass sie nun die nächste nach der Sophie Vogtin sein würde. Sie wurde täglich schwächer, sodass sie fast gar nichts reden konnte. Ihr lieblicher und vergnügter Blick aber war allen Schwestern zur Freude. Den 13. freute sich gar sehr aufs Abendmahl. Sie bat sich aus, dass ihr das Chor beim Liebesmahl

---

[18] Johann Jacob Moser, der bedeutendste Staatsrechtsgelehrte seiner Zeit, lebte von 1739 bis 1747 in Ebersdorf.

das Versel singen sollte: „Mache Deine Braut bald fertig, sie ist ihres Glücks gewärtig, einmal unterm Blut auf fassen, Dir am Munde zu verblassen." Welches auch geschahe. Und so erquickte sich ihre nach Ihm kranke und erhangne Seele an dieser überseligen Himmelskost Seines Leichnams und Bluts. Sie sagte: „Ich werde es nun hienieden nicht mehr genießen." Den 18. gegen Abend fühlte sie, dass es nun nicht lange mehr währen würde. Sie sagte: „Mein Bräutigam wird nun bald kommen, ach, wie will ich Seine Wunden zerküssen, und Ihm danken, dass Er mich so gnädig durchgebracht hat." Als sie hörte in der Nacht 12 Uhr schlagen: „Ach mein lieber Heiland, wie lange, wie lange!", schlummerte darüber ein, und indem war der glückselige Moment, da sie in den Armen ihres so zärtlich geliebten Blut-Bräutigams entschlief, und „der Honig-Seim von Seinem Mund, der Glieder letztes Öl, küsste ihren Todesleib gesund, erfreute Geist und Seel"', unter welchem Vers sie den Segen ihres Chores empfing. Im 40. Jahr ihres Alters.